Sonya Rhodes
Susan Schneider

Tradução: Sally Tilelli

mulher Alfa

SER FELIZ, BEM-SUCEDIDA E ENCONTRAR O PAR PERFEITO É MAIS FÁCIL DO QUE PARECE

Gente editora

Gerente Editorial
Marília Chaves

Assistente Editorial
Marília Chaves

Produtora Editorial
Rosângela de Araujo Pinheiro Barbosa

Controle de Produção
Fábio Esteves

Tradução
Sally Tilelli | SG7

Preparação
Cissa Tilelli Holzschuh | SG7

Projeto Gráfico e Diagramação
Cissa Tilelli Holzschuh | SG7

Revisão
Malvina Tomáz

Capa
Aila Regina

Foto de Capa
Underwood Archives/Getty Images

Impressão
Prol Gráfica

Título original: *The alpha woman meets her match*

Rua Pedro Soares de Almeida, 114, São Paulo, SP – CEP 05029-030
Telefone: (11) 3670-2500
Site: http://www.editoragente.com.br
E-mail: gente@editoragente.com.br

Dados Internacionais de Catalogação na Publicação (CIP)
(Câmara Brasileira do Livro, SP, Brasil)

Rhodes, Sonya
Mulher alfa/Sonya Rhodes com Susan Schneider; tradução Sally Tilelli -- São Paulo: Editora Gente, 2014.

Título original: The alpha woman meets her match
Bibliografia.
ISBN 978-85-7312-956-4

1. Homem-mulher - Relacionamento - Aspectos psicológicos 2. Mulheres executivas - Psicologia 3. Mulheres solteiras - Psicologia 4. Relações amorosas I. Schneider, Susan. II. Título.

14-02537 CDD-155.633

Índices para catálogo sistemático:
1. Mulheres: Relacionamentos amorosos:
Psicologia 155.633

mulher Alfa

CARO LEITOR,

Queremos saber sua opinião sobre nossos livros.

Após a leitura, curta-nos no facebook/editoragentebr, siga-nos no Twitter @EditoraGente e visite-nos no site www.editoragente.com.br.

Cadastre-se e contribua com sugestões, críticas ou elogios.

Boa leitura!

Agradecimentos

De Sonya Rhodhes: Por cerca de dez anos pensei em escrever uma proposta para um livro sobre o novo mundo social, que se concentrasse no fascinante impacto digital sobre o cenário dos relacionamentos amorosos. Conforme escrevia sobre esse assunto, também acrescentei alguns capítulos a respeito da personalidade alfa e a nova dinâmica relacional que eu observava em minha prática profissional. À medida que minha proposta profissional se desenvolveu, minha coautora, Susan Schneider, continuava dizendo: "o material mais interessante aqui é a nova mulher alfa e os problemas de relacionamento que ela enfrenta." Mostrando-me teimosa, discordei.

Ao mesmo tempo, Ben Wolin, meu genro, que comanda uma empresa de mídia, leu um rascunho inicial desse trabalho. Seu primeiro comentário foi: "todo mundo sabe a respeito das mídias sociais e das mensagens de texto. Não é nada novo." Ben me convenceu de que mudanças comportamentais em ambos os gêneros, assim como seu impacto sobre os relacionamentos, eram a parte mais interessante da proposta, e que, portanto, deveriam ser o foco.

Então, com a ajuda de Ben, percebi que Susan estivera certa o tempo todo. Agradeço a ambos, Susan e Ben, por me colocarem no caminho certo, que, aliás, eu já trilhava há muito tempo sem perceber.

Sinto-me extremamente afortunada por possuir um consultório ativo e trabalhar com alguns dos adultos mais interessantes de Nova York. Esses homens e mulheres fantásticos ocupam posição central neste livro. Eles permitiram que eu adentrasse seus pensamentos mais íntimos e compartilharam comigo suas frustrações, suas decepções e suas ansiedades. Eles me inspiraram e me desafiaram a apresentar novas maneiras de pensar. Quando este livro estava em seus últimos estágios de preparação, apresentei-lhes as histórias que foram criadas em torno da vida deles para que as aprovassem ou as alterassem. Sem saber o que esperar, fiquei ansiosa. Em poucos dias, recebi sinal verde de todos. Agradeço profundamente a cada um de vocês; vocês sabem exatamente quem são.

Entre os primeiros colaboradores ativos desse processo estava uma de minhas amigas mais antigas e queridas, Jean Marzollo. Ela foi uma das críticas mais prestativas, e, mais importante que isso, nos apresentou às suas agentes, Molly Friedrich e Lucy Carson, da Friedrich Agency. Com essas duas profissionais superinteligentes no projeto, passamos por várias versões exaustivas da proposta, ajudadas por outros membros da equipe Friedrich, formada por mulheres alfa, beta e híbridas, que nos auxiliaram a refinar o questionário. Quando nos encontramos com Rachel Kahan, nossa editora na William Morrow, soubemos que tínhamos sorte em trabalhar com uma editora brilhante e de atitude.

Minha irmã, Lynda Treger, e minhas amigas e meus amigos pessoais, Christy Guzzetta, Jodi Sayler, Susan Strang, Marcy e Peter Schuck, Joel DeLorenzo e Barbara Kass, ofereceram-nos todo o tipo de encorajamento ao longo do projeto. Minhas colegas especiais, doutora Renee Epstein e doutora Ellen Margolin, acompanharam-me nessa verdadeira montanha-russa em sessões realizadas alternadamente às quartas-feiras. Minhas novas amigas, Tina Weinstock, Barbara Solomon, Helene Grossman, e Gary Steinkolh, foram ótimos em seus *feedbacks* enquanto todos nos angustiávamos para definir o título deste livro. Loren Brill, uma amiga e jovem empreendedora do setor de alimentos, foi muito útil em reunir um de nossos melhores grupos de discussão. Gostaria de agradecer à doutora Cristina

Matera, especialista em fertilização, que generosamente cedeu seu tempo para avaliar a exatidão de todas as informações sobre fertilidade. Susan e eu gostaríamos de agradecer às muitas outras mulheres que entrevistamos e que gentilmente responderam ao questionário. Listo aqui apenas algumas delas: Kaylee Boalt, Stephanie Dolgoff, Tamara Hamdan, Cheyenne Huang, Shavonne Johnson, Karen Mason, Stacy Morrison, Sharon Richter, Heather Sipan, Maureen Stutzman, Veralyn Williams, Martha Watson e Jenna Zimmerman.

O tempo todo, minha família tem sido meu santuário em termos de apoio. Bob, meu marido, que tem sido meu parceiro ao longo de toda minha vida, frequentemente brinca durante os jantares dizendo que agora ele vai escrever um livro chamado *Living with alfa* (Vivendo com as alfa). Como arquiteto, ele desenhou o belo gráfico que aparece no Capítulo 2. Obrigado, Bob, por seu senso de humor e sua sabedoria durante todo o processo.

Agradeço a meu filho, Justin, um neurobiólogo, por esclarecer como as normas sociais são com frequência explicadas de maneira equivocada pelas teorias da seleção natural e adaptação. Agradeço também a minha filha, Jennifer, médica, e a minha nora, Nancy, veterinária, por compartilharem comigo as oportunidades e os desafios de ser profissionais contemporâneas com filhos. Mulheres como estas são as verdadeiras heroínas da igualdade dos sexos.

De Susan Schneider: Minha filha, India, estudante da Universidade Duke na área de antropologia evolucionária, e também uma fabulosa alfa, ofereceu-me vários comentários irônicos inestimáveis sobre as similaridades entre primatas humanos e todos os demais primatas em sua busca por parceiros. Ela também reuniu um grupo de discussão de colegas da faculdade para discutir as estonteantes sutilezas do namoro on-line. Agradeço a India, Chris Krupenye, Emily

Boehm, Tessa Nin e a várias outras mulheres por sua ajuda. Também quero agradecer a Martine Aertis-Niddam e a Grace Bennett por seus *insights* no questionário. Por fim, quero agradecer a William Koggan, não apenas por suas observações no campo dos gêneros sexuais, mas também por sugerir a ideia de agregar um escore ao questionário. Minha matemática deixou a desejar, e ele gentilmente se ofereceu para ajudar. Obrigada, Will.

Sumário

Capítulo 1

Amando seu lado alfa

Ao longo dos anos que investi para construir uma carreira próspera como terapeuta de pacientes individuais e casais, naveguei pelas ondas do movimento das mulheres e da revolução sexual. Certo dia, uma cliente, em seus 30 anos, sentou-se diante de mim, deu um suspiro e disse: "Acho que devo ser mais uma de suas clientes típicas – forte, realizada profissionalmente, mas com problemas com os homens". Foi então que percebi que estava diante de algo distintamente novo. Durante a última década, ou mais, meu consultório esteve repleto de mulheres com essa exata descrição: autoconfiantes, realizadas, sensuais, porém, ao mesmo tempo, infelizes e frustradas por causa de sua falta de sucesso nos relacionamentos amorosos. Essas são as novas mulheres alfa.

E nunca houve um tempo melhor para ser uma mulher alfa. De fato, ela está em plena ascensão, tanto em termos de educação acadêmica quanto profissionalmente. Ela é autossuficiente, capaz de explorar a própria sexualidade e de tomar decisões na vida. Entretanto, muitas temem que o casamento ou uma relação de longo prazo possa, de algum modo, frustrá-las.

Na sociedade em que vivemos, vozes ruidosas reclamam do fato de as mulheres serem fortes, ameaçadoras e erotizadas demais. O que isso quer dizer? Que as mulheres vão sobrepujar os homens com sua força e sua sexualidade e que ninguém vai desejar se casar com elas. Deixemos esse medo de lado: até os anos 1970, mulheres bem-instruídas e com altos salários tinham menor probabilidade de se casar que as mulheres menos esclarecidas de hoje. Todavia, de acordo com um relatório do Hamilton Project, ao longo das últimas quatro décadas, no que diz respeito aos 10% de mulheres que recebem salários mais elevados, as taxas de matrimônio se mantiveram constantes ou até aumentaram. Outro estudo citado por Stephanie Coontzin, no jornal *New York Times,* menciona taxas mais altas de casamento para os 15% de mulheres com salários mais diferenciados. De acordo com o Conselho para Famílias Contemporâneas (Council on Contemporary Families): "Mulheres com instrução universitária têm probabilidade bem maior de se casar em uma idade mais avançada que as de qualquer outro grau de formação. [...] Mulheres com ensino superior também demonstram probabilidade bem mais alta de descrever a si mesmas como felizes na vida de casada, independentemente da renda familiar; elas também se mostram bem menos inclinadas a pensar que a segurança financeira é o maior benefício do matrimônio".

Ainda segundo Stephanie Coontzin, nesse mesmo artigo para o *New York Times*: "Até recentemente, mulheres que se casavam mais tarde apresentavam taxa mais elevada de divórcio. Hoje, para cada ano que a mulher adia o casamento até seus 30, sua chance de separação diminui – e não volta a subir posteriormente". Para muitas que estão lendo este livro, todos esses dados representam ótimas notícias (se os seus planos incluírem o casamento, é claro!).

As previsões pessimistas para as mulheres são muito exageradas, e vale ressaltar que, em geral, aquelas que soam os alarmes possuem interesses pessoais. Todavia, às vezes, as próprias mulheres se unem a esse coro alarmista. Uma forte subcorrente de preocupações emerge quando elas escutam falar de uma amiga ou colega que se divorciou. Uma mulher que se separou recentemente me disse que sempre poderia contar com duas perguntas: Se ela havia trabalhado demais e se o salário dela era mais alto que o do marido. Esses são os medos secretos das mulheres. Afinal, se um casamento termina, a culpa tem de ser da mulher, não é? E até mesmo os que supostamente seriam nossos aliados podem nos surpreender: a mesma pessoa que foi interrogada pelas amigas também recebeu uma proposta de uma revista feminina para que escrevesse um artigo que explicasse como sua carreira arruinara seu casamento!

Uma mulher que participava de um grupo de discussão disse: "Eu me sinto uma pessoa evoluída. Tenho uma excelente carreira e ótimos amigos. Sinto-me muito forte em todas as áreas de minha vida, exceto nos relacionamentos". Já escutei muitas mulheres alfa expressarem o medo de que jamais fossem encontrar alguém para amar e se casar. Talvez parecessem muito ameaçadoras aos homens, elas diziam. Quem sabe, se elas se tornassem mais frágeis e doces. Minha resposta é não, pois isso seria um grande erro.

O fato é que fico muito irritada sempre que escuto mulheres dizerem isso – não com elas próprias, é claro, mas com a cultura que prospera ao fazer essas previsões horrorosas sobre os amores e a vida fracassada de mulheres assertivas e bem-resolvidas do ponto de vista sexual. É simplesmente ridículo. Encontrar um parceiro é, sem dúvida, um desafio, mas saiba que o acervo de candidatos é amplo e você tem a energia necessária para encontrar um que seja adequado.

O que as mulheres alfa de hoje certamente podem fazer é se mostrar mais cuidadosas a respeito de suas escolhas. No momento, as mulheres que atendo são confiantes, mas estão sobrecarregadas; elas são bem-sucedidas, mas inseguras; são audaciosas, porém tímidas. Elas estão machucadas por causa de suas experiências com os homens. Lembro-me de que a mulher do grupo de discussão acrescentou que se sentia emocionalmente abatida toda vez que o homem com quem estava saindo perdia o interesse quando o relacionamento parecia prestes a se aprofundar. "Eu me sentia forte e bem," ela disse. "Eu estava pronta para mergulhar de cabeça, mas, então, senti que não poderia mais confiar no meu julgamento."

Com o ego abalado por relações malsucedidas, essas mulheres com frequência se sentem atipicamente vulneráveis e destruídas. Quando entram no meu consultório, elas buscam um mentor que possa guiá-las pelo labirinto tortuoso dos relacionamentos, de modo que consigam evitar os becos sem saída e chegar ao seu objetivo de encontrar a pessoa com quem poderão compartilhar a vida. Jamais encorajo as mulheres a se adaptar; a se diminuir diante dos homens ou a culpar única e exclusivamente a si mesmas por problemas no relacionamento. Nada disso é opção. Nunca!

A imagem dessas mulheres em minha mente, assim como suas histórias, levaram-me a escrever sobre o tema. O dilema dessas pessoas é uma parte significativa do *zeitgeist** de hoje. Este livro é um livro de vanguarda que transmite a todas as leitoras tudo aquilo o que ensino às minhas clientes. Ele também inclui pensamentos que, no passado, preferi manter somente para mim. O conteúdo foi retirado das narrativas de minhas clientes, de grupos de discussão, de entrevistas detalhadas e também de minhas experiências mais profundas e abrangentes. Você, leitora, terá acesso a casos clínicos do meu consultório (os nomes das clientes foram alterados para preservá-las). Cada estudo de caso traz uma conclusão que poderá ser aplicada à sua vida. As histórias refletirão suas experiências pessoais e oferecerão vários *insights* e soluções para que você consiga fazer as escolhas certas em sua vida – sem ter de se ajustar a ninguém ou comprometer a pessoa que é ou deseja se tornar.

---

* Palavra alemã cujo significado é "espírito da época" ou "atmosfera de um período específico da história". (N. T.)

Resgate a alfa que existe em você

Durona. Déspota. Mandona. A negatividade serpenteia ao redor das mulheres assertivas. Sei que a combinação das palavras "alfa" e "mulher" traz consigo uma bagagem considerável, a ponto de eu ter sido aconselhada a buscar um termo menos controverso que "mulher alfa". Entretanto, foi justamente por causa da conotação negativa que decidi manter essa expressão. Não acho que devemos reduzir a força e o *status* de uma mulher evitando o alfa que existe nela. Aliás, é por isso que insisto no uso do nome adequado. Não estaríamos prestando um serviço nem às mulheres nem aos homens se buscássemos termos que não provocassem a devida comoção. O fato é que, no que diz respeito aos papéis de cada sexo, vivenciamos uma nova realidade. Seria antiquado separar os termos ou, Deus nos livre, ameaçar o ego dos homens. Jamais aconselharia as mulheres a se dobrar e/ou diminuir o próprio poder para fortalecer a imagem dos homens. Isso é coisa do passado.

Algumas pesquisas fascinantes apontam para a necessidade urgente de implementar normas sociais que se adéquem aos novos tempos. Um estudo da Chicago Booth School of Business descobriu que quando a mulher tem um salário igual ou mais elevado que o do marido, em geral, ocorrem conflitos conjugais. Então, para proteger a crença tradicional de que o homem deve ser o grande provedor da família, a mulher tem a opção de escolher entre trabalhar menos ou procurar um emprego com salário mais baixo – um ótimo exemplo do significado de "diminuir a si mesma"! Ainda mais inacreditável é o fato de que, com frequência, a mulher assumirá mais tarefas em casa como forma de compensar sua capacidade maior de ganhar um salário melhor e, assim, mostrar-se menos ameaçadora ao marido. O termo acadêmico para essa prática é "neutralização do desvio de gênero". Tradução: se você ousar se desviar do que é considerado normal (marido = provedor), então você deverá, de algum modo, compensar esse seu comportamento anormal! Essa é uma situação da qual ninguém sai ganhando; as mulheres nunca deveriam adaptar seu comportamento para atender a estereótipos sociais. No final, você machucará a si própria e prejudicará seu relacionamento.

Durante as últimas décadas, testemunhamos avanços sociais importantes como melhores opções em termos de controle de natalidade; o estimulante crescimento das oportunidades econômicas para mulheres; a evolução do movimento feminista, com fortes modelos na política, na mídia, nos negócios e nas universidades. Atualmente, um número maior de mulheres se gradua nas escolas e nas faculdades norte-americanas (em comparação aos homens): 97% delas. De fato, os cursos de Medicina nos Estados Unidos vêm apresentando uma quantidade crescente de alunas. Em 25% dos casais norte-americanos, as mulheres ganham mais dinheiro que seus maridos. Em 147 das 150 maiores cidades do país, mulheres não casadas, sem filhos e abaixo dos 30 anos ganham entre 8% e 15% mais que seus pares do sexo masculino. Nas famílias das classes média e operária, as mulheres têm mais oportunidades em termos de mobilidade econômica e social que os homens. De fato, embora ganhem apenas 0,80 centavos para cada dólar obtido por eles, as mulheres contribuem com 40% da renda familiar. Como você pode ver, nem os mitos do provedor masculino e da mulher tradicional sobrevivem à realidade. Vemos as provas em todos os lugares: se as mulheres são bem-sucedidas no mundo dos negócios e os homens bem-sucedidos em casa – e ambos são fatos –, então os velhos estereótipos são vazios.

Como terapeuta, observo a vida de minhas clientes como microcosmos das mudanças que estão ocorrendo na sociedade como um todo. A igualdade socioeconômica permite a expressão, tanto pelos homens quanto pelas mulheres, de ampla gama de comportamentos e traços de personalidade absolutamente neutros em termos de gênero. Nesse sentido, competitividade e domínio não são características exclusivamente masculinas, assim como cuidado e proteção também não representam traços unicamente femininos. Michael Kimmel, sociólogo especializado em comportamentos ligados aos gêneros sexuais, explica da seguinte maneira: "As diferenças de gênero são produto da desigualdade entre os sexos, não o contrário".

O que mais me surpreende é que, conforme as mulheres se livraram das limitações impostas pelos velhos papéis estabelecidos pela sociedade, tornando-se mais livres para vivenciar a própria sexualidade, perseguir novas carreiras e buscar realização pessoal, novos problemas surgiram. Em todos os lugares a que vou – desde o consultório até jantares sociais – sou interpelada por mulheres de todas as idades que citam a identidade alfa e me pedem conselhos sobre relacionamento.

Mulher alfa, mulher beta

Hoje a mulher alfa está em todos os lugares. Nas roupas e no estilo ela é o protótipo mais comum e visível da mulher contemporânea; ela jamais usaria aqueles terninhos dos anos 1980, com enormes ombreiras que tentavam imitar a vestimenta dos homens de negócios. Elas são descaradamente sexies e estão muito bem orientadas para alcançar o sucesso profissional. Com seus saltos altos, elas marcham imponentes por escritórios, lojas e salas de conferência. Ao mesmo tempo, porém, a sola vermelha do sapato envia a quem as observa a seguinte mensagem: "venha comigo" diretamente para o quarto.

A mulher alfa é a profissional que gerencia uma clínica médica como uma máquina perfeitamente lubrificada; é a autoconfiante editora da web que vê a si mesma comandando a empresa com uma combinação de habilidades técnicas e de inteligência nos negócios;

ela é a agente comercial sofisticada e assertiva que consegue convencer o cliente a comprar um artigo que ele nem sabe se precisa. Se ela for jovem e ainda estiver curtindo sua trajetória como fêmea alfa, talvez sinta-se orgulhosa em assinar seus artigos com as letras CSNT (Chefe Suprema desse Negócio Todo) – uma sigla que ouvi recentemente de uma cliente de apenas 17 anos que estava prestes a entrar para uma universidade da Ivy League*, e que poderia perfeitamente ser a garota-propaganda dessa nova geração).

Ao longo dos meus estudos e do meu trabalho com mulheres, descobri que, às vezes, nossas irmãs beta se sentem diminuídas e/ou ameaçadas pelo modelo alfa, mas não existe razão para isso. Veja que não estou falando aqui de pessoas boas, ruins, melhores ou piores; estou dizendo que todas as alfa e as beta – todas nós, mulheres – estão em um *continuum* em termos de personalidade, e que a maioria de nós é um *mix* de ambas as qualidades, em graus mais ou menos elevados.

As beta têm menos necessidade de controle, e talvez demonstrem menos interesse em ocupar posições de liderança que as alfa. Em um grupo de mulheres, a alfa é aquela que exerce poder e influência por meio de sua habilidade de assumir o controle da conversa, enquanto a beta tende a ouvir e a oferecer apoio. Nos extremos de ambas as personalidades, a alfa pode ser bastante confrontadora, enquanto a beta se revela passiva em excesso. Felizmente, as pessoas são maleáveis, portanto, é possível modificar alguns traços comportamentais e alcançar um equilíbrio.

Contudo, seria possível ser alfa mesmo sem ganhar um salário enorme nem demonstrar poder no mundo corporativo? É claro! Lily, médica e mãe de dois filhos, trabalha em média de quinze a vinte horas semanais, em comparação às mais de setenta horas trabalhadas

---

* Referência ao grupo de oito universidades privadas do Nordeste dos Estados Unidos. São elas: Brown, Columbia, Cornell, Dartmouth, Harvard, Pensilvânia, Princeton e Yale. (N. T.)

pelo marido. Ela diz o seguinte: "Sou uma alfa disfarçada. Não revelo facilmente quem de fato sou".

Assim como Lily, muitas beta fortes encontram um esconderijo para si dentro do relacionamento; elas podem controlar as finanças e as decisões sobre as crianças, por exemplo. "Tenho um pouco de medo de confrontos diretos," ela diz. "Prefiro evitá-los. Pareço uma pessoa serena e influenciável e, em geral, não mostro meu lado mais forte, mas gosto de fazer as coisas do meu jeito." Alfa, beta? Não se trata sempre de um ou outro; alfa também não é melhor que beta. O que realmente importa é o grau de cada um dentro de sua personalidade. Mostrarei como isso funciona no Capítulo 2, em que você definirá seu perfil dentro da escala alfa/beta. Talvez você seja uma beta com uma porção pequena ou grande de alfa, ou uma alfa com tendências mínimas ou elevadas de beta; ou, quem sabe, uma alfa ao extremo com praticamente nenhuma influência beta. É possível que sua personalidade seja híbrida, com iguais parcelas de ambas. Independentemente de quem é, tenho certeza de que você abriga algumas características alfa.

Engraçadas, fortes, independentes e confortáveis na própria pele, as alfa acreditam em si mesmas, mas, ainda assim, ostentam alguns pontos cegos. Por exemplo, sendo uma fêmea alfa, ela parte do pressuposto de que deveria estar ao lado de um macho alfa. Contudo, experiências clínicas já demonstraram que nesse tipo de parceria o risco de divórcio é maior, pois a tendência é de que ambos os alfa disputem poder e domínio. Mostrarei às mulheres alfa como podem aprender a olhar para si e a se aceitar como a alfa de um relacionamento com um beta – que, aliás, poderá ser o seu melhor parceiro.

O novo "bom partido"

O homem beta está lá fora, na cultura, na mídia e também nos estudos e nas estatísticas dos sociólogos – e ele é um ótimo partido. Ele poderia ser aquele sujeito que empurra o carrinho de bebê no parque; ou aquele outro que banca o flautista de Hamelin* no *playground*; talvez ele seja o cônjuge que conhece o funcionamento das reuniões de pais e mestres dos filhos melhor que a esposa, tendo em vista o fato de ela trabalhar fora o dia todo. Uma interessante ilustração na revista *New Yorker* apresentou dois atiradores do velho oeste que disputavam um encontro com uma dama, cada qual com um carregador de bebê nas costas. Uma nova campanha de creme para barbear sugere que os homens "se tornem mais másculos," zombando tanto das noções tradicionais de masculinidade quanto da figura de homem frágil dos dias de hoje.

Atualmente o homem beta se transformou em um sujeito mais complicado que aquele dos anos 1980 e 1990. *Real men don't eat quiche* (Homens de verdade não comem quiche), de Bruce Feirstein, é um *best-seller* da década de 1980 que satiriza o homem sensível que tenta desesperadamente ser aceito pelas feministas. Hoje, nós já avançamos um pouco! O homem beta não é mais aquele considerado gay simplesmente porque gosta de ioga, se veste bem e/ou é vegetariano. Seu ego já não depende de marcar pontos como "machão". Ele é confiável, responsável e apoiador.

No que diz respeito a sexo, muitas mulheres alfa possuem uma espécie de calcanhar de Aquiles: mesmo ativas sexualmente nos dias de hoje, elas ainda esperam que os homens tomem a iniciativa na cama, o que acaba impedindo que elas se apaixonem por um beta, cujo amor é mais delicado. Chamo a isso de "síndrome dos cinquenta

---

* Referência ao personagem principal do conto folclórico de mesmo nome, sobre uma invasão de ratos na cidade de Hamelin, na Alemanha. (N. T.)

tons de cinza" com base na série de livros de E. L. James, que encontrou entre as dínamo alfa, um público ávido que ainda se sente um pouco envergonhado em relação ao próprio apetite sexual. Uma alfa secretamente embaraçada por suas intensas fantasias sexuais pode fingir passividade para que o homem tome a iniciativa e a possua. A vergonha dela, que não lhe parece óbvia, é paradoxal, contradizendo tudo que diz respeito a essa mulher atraente, sexy e corajosa.

Também vou mostrar como os homens beta são – ou podem ser – os melhores amantes do mundo, uma vez que eles desejam que você também se solte. Com relação aos homens, tendemos a classificar os alfa como sexy e os beta como fracos. Esqueça isso! Vou demonstrar como parar de compartimentalizar e encontrar aquele homem mais complexo que você está procurando.

O que será que mulheres e homens realmente acham do homem que não é do tipo machão? Depois que comecei a pensar sobre a parceria entre a mulher alfa e o homem beta, disse a uma amiga alfa que o marido dela era um ótimo beta. No entanto, embora eu tivesse mencionado isso como um elogio – o cônjuge em questão é um homem de família e cuidadoso, além de um *designer* gráfico extremamente criativo, que trabalha com uma antiga máquina tipográfica em seu estúdio –, posso dizer, pela linguagem corporal dela, que ela se sentiu um pouco insultada. Foi, então, que percebi quanto esses termos estão carregados de significado.

Contudo, a velha hierarquia de alfas e betas, em que o homem alfa mais bem posicionado comanda o show, já não funciona mais. Vejo muitos homens que não podem ser considerados alfa egoístas, tampouco os tão falados ômega – patéticos fracassados que, atirados em um sofá na casa da mamãe, passam o dia dedilhando suas guitarras, sem se preocupar com mais nada. Os alfa estão vivos e passam bem – perfeitamente capacitados pela tecnologia (a melhor amiga deles!) –, assim como os preguiçosos e os imprestáveis. Entretanto, a maioria dos homens que vejo – que circulam por todos os lugares, desde Wall Street até os subúrbios mais remotos – realmente buscam a igualdade e uma relação equilibrada: uma pesquisa de 2010, do Instituto Pew, descobriu que 62% dos homens e das mulheres acreditam que o melhor casamento depende de uma parceria verdadeira – em outras palavras, daquele estado sempre desejável e elusivo de nirvana que denominamos igualdade. É claro que transformar isso em uma realidade é um desafio enorme, a despeito de todas as mudanças.

Mulheres alfa gostam de liderar, e homens beta não se importam em segui-las. Contudo, estaria eu advogando em favor da desigualdade? Uma boa parceria entre uma mulher alfa e um homem beta pode beneficiar ambos os lados se eles respeitarem um ao outro. Se o homem beta souber como e quanto recuar, o equilíbrio de forças pode se inclinar em direção à mulher alfa, sem nenhum prejuízo para a relação. Quando vejo casamentos entre uma "mulher rabina" e um "marido do lar" que, com alegria, cuida dos quatro filhos do casal; entre uma esposa advogada e um marido que adora pedalar e administra uma loja de bicicletas no subúrbio da cidade; ou até entre um professor de curso primário e uma médica, sinto-me encorajada. Esses casais encontraram a própria felicidade.

Uma visão moderna da vida

Não acredito que o começo da era das mulheres alfa represente o fim dos homens. Afinal, esses novos tempos não significam que a mulher tenha ganhado importância e o homem perdido valor. Como mencionado, alfa não é melhor, nem beta. Ambos são capazes de manter equilíbrio e aparar arestas. Para que o relacionamento funcione bem e os dois lados estejam bem equipados para alcançar sucesso no século XXI, alfas precisam de betas, e vice-versa. Logo você verá como isso funciona nas relações.

Vou ajudar você a descobrir quem realmente é e a encontrar uma relação que lhe seja adequada. Explicarei uma ferramenta maravilhosa da terapia – o conceito da complementaridade positiva, que é a forma como os casais equilibram e suplementam os pontos fortes e fracos uns dos outros – a fim de ajudá-la a construir uma relação cuja estrutura seja forte e sustentável. Discutirei como compartilhar uma visão de vida, o que envolve o conceito de parceria – provavelmente o maior indicador de um casamento de sucesso. Os novos papéis dos gêneros exigem novos paradigmas para a compreensão da política e da dinâmica das relações. Como os papéis dos gêneros se tornaram mais fluidos, características que no passado eram prioritariamente masculinas ou femininas se mesclaram. E isso foi benéfico para todos.

Vivemos momentos de confusão. A parceria entre a mulher alfa e o homem beta se choca com as tradições culturais que aprendemos ao longo da vida. De fato, há tantas outras coisas que estão indo na contramão das tradições que sociólogos e psicólogos estão enlouquecendo. Por exemplo, a decisão de muitas mulheres de se casar mais tarde, ou de nem se casar – que é única de nossos tempos; o prolongamento da vida de solteiro pelos homens; a atitude de ser mãe solteira – seja por divórcio ou por opção. Tudo isso representa um grande desafio!

Chegando ao momento "a-ha!"

De modo nada inesperado, quando uma cliente vem ao meu consultório pela primeira vez, ela se sente angustiada por causa de um rompimento ou por uma relação que não está funcionando. Ela está cansada e frustrada por suas experiências com os homens e se mostra à beira do desespero. Em geral, uso essa sessão inicial para conhecê-la melhor. Eu a encorajo a compartilhar comigo sua história de vida: sucessos e desapontamentos, desejos, lembranças nostálgicas, visão do futuro, valores, escolhas e, por fim, seu comportamento dentro das relações. Consigo montar um quadro bem claro do homem (ou dos homens) que ela namora e do modo como enfrenta o dia a dia da relação. Pelo fato de eu considerar a terapia uma parceria interativa, nós trabalhamos juntas para identificar padrões em sua vida amorosa. A partir da terceira e da quarta sessões, em geral, já tenho uma ideia clara do que está impedindo seu sucesso no âmbito relacional.

Uma vez que minhas clientes têm poder de decisão na maioria das arenas da própria vida, concentro-me naquilo que as impede de experimentar o mesmo tipo de realização no relacionamento. Nunca evito me colocar como advogada, guia e confidente de minhas clientes. Sou muito direta, mas sempre em um contexto de cuidado e atenção.

Já sofri ao lado de muitas clientes corajosas enquanto elas enfrentavam os profundos desafios pessoais envolvidos na tomada de decisões tão difíceis, como a de se tornar mãe solteira. Aconselho mulheres jovens a evitar serem colocadas em cheque – é como saber quando desistir do cara legal e começar a se concentrar em alguém que realmente queira o mesmo que você. Algumas mulheres alfa que começam a buscar um relacionamento sério em torno dos 30 anos podem descobrir que os homens de mesma idade resistem à pressão de se comprometer e optam por namorar mulheres mais jovens. Se você se encontra nessa posição, saiba que eu lhe mostrarei opções e explicarei como reinventar a si mesma, mantendo os olhos focados em um grande futuro. (Confie em mim. Você conseguirá fazê-lo!)

Em meu confortável consultório, homens e mulheres têm a rara chance de olhar para dentro do próprio coração. Mostrarei como o namoro virtual e os dispositivos tecnológicos revolucionaram cada aspecto da eterna busca por sexo e dos relacionamentos mais significativos – tanto para o bem como para o mal. Serei sincera em dizer que, sim, tudo isso é bastante conveniente e útil, mas que, em última análise, o ser humano é muito mais que um algoritmo.

Passo meus dias alegremente analisando padrões relacionais e ajudando pessoas a reexaminar suas expectativas e a reequilibrar suas conexões mais íntimas. Trata-se de um drama contínuo em que homens e mulheres estão agora invertendo os principais papéis. Cada mulher forte e independente com a qual trabalho deseja uma conexão com um parceiro flexível e adaptável; alguém que as ame, valorize e respeite. Fico ao lado delas enquanto enfrentam essa verdadeira montanha-russa, e as ajudo a acionar os freios no momento certo. Trabalho com homens que estão lutando com uma diferente realidade econômica e uma nova definição de masculinidade. Conforme compartilho histórias fascinantes, e com as quais é possível facilmente se relacionar, tenho a certeza de que você experimentará inúmeros momentos "a-ha!".

Meu consultório oferece ampla janela para o futuro dos relacionamentos em nossa sociedade. A visão daqui – complicada, desafiadora e excitante – me dá motivos suficientes para pensar que homens e mulheres, cujos ideais incluem uma igualdade baseada em novas definições dos papéis dos gêneros, podem trabalhar a fim de atingir seus ideais e colocá-los em prática. Sinto-me otimista sobre o futuro. Quero compartilhar minha confiança e minha *expertise* com vocês, alfas e betas; solteiros, casados e/ou divorciados; com ou sem filhos.

Capítulo 2
A escala alfa/beta

Eis um pensamento radical: suponha, apenas suponha, que a maioria dos traços de personalidade associados aos homens e às mulheres sejam determinados culturalmente e, então, considere que todas essas discussões intermináveis que você já ouviu a respeito das grandes diferenças entre os sexos e também sobre a lacuna em termos de comunicação que resulta dessas distinções sejam exageradas. Admita, por um momento, que homens e mulheres possam ser mais similares que diferentes.

Embora de maneira nenhuma eu esteja sugerindo o fim da classificação por gênero sexual, a partir de estudos nas áreas de Sociologia e Neurobiologia existem fortes evidências de que comportamentos culturalmente aceitáveis por parte de homens e mulheres estejam mais associados a normas sociais que à própria Biologia. Ao longo do meu treinamento na área de Psicanálise, fui ensinada que, pelo fato de o órgão sexual masculino ser externo e o feminino interno, os homens se revelavam naturalmente mais agressivos, e as mulheres, mais passivas. Entretanto, mesmo para uma jovem terapeuta sem a devida orientação, essa história me parecia papo-furado. E os seios? Eles estão bem no tórax das mulheres. Como essa teoria de passividade feminina explica os seios, doutor Freud?

Em 2005, Janet Hyde, Ph.D., publicou sua meta-análise de uma famosa pesquisa sobre gêneros sexuais e sexualidade, intitulada *Hipótese de Similaridade dos Sexos*. A doutora Hyde, psicóloga na Universidade de Wisconsin-Madison, testou o modelo de diferenças de gêneros que afirma que mulheres e homens são profundamente diferentes em termos biológicos e psicológicos. Para isso, ela examinou vários estudos sobre os sexos – um total de 46 trabalhos na área –, reunidos ao longo de duas décadas. O que ela descobriu? Que o sexo do indivíduo exercia pouco ou nenhum impacto sobre a maioria de seus traços psicológicos, e isso incluía agressividade e passividade.

Segundo a doutora Hyde, homens e mulheres foram ensinados que cada sexo vem de um "planeta distinto" e que, portanto, fala uma língua diferente. Infelizmente, ela diz, essas ideias são tão disseminadas que acabam se tornando realidade: os homens aprendem que são péssimos em comunicação e inaptos em termos de emoções, daí eles se fecham dentro de si mesmos e atestam o que foi dito. As mulheres, em contrapartida, são ensinadas que não são talhadas para ocupar posições de liderança, então elas acionam os freios e se contentam com algo mais adequado a seus talentos "naturais" (como, por exemplo, demonstrar seu instinto protetor). Se considerar quanto essas crenças têm custado à vida pessoal e profissional de homens e mulheres, talvez você sinta que é hora de mudar a situação. Pelo menos eu penso assim.

Nas décadas de 1950 e 1960, o casal normal era formado por um homem alfa e uma mulher beta. Eles completavam um ao outro: ele, como provedor dominante; ela, como esposa submissa e mãe perfeita, características tão bem encarnadas por várias esposas-modelo do cinema dos anos 1950, como, por exemplo, June Cleaver.* Em uma economia pós-guerra que avançava em termos sociais, esses papéis ofereciam estabilidade para a família nuclear. Na época, fazia sentido que cada um tivesse um papel bem definido na relação. No entanto, essas normas culturalmente estabelecidas para as mulheres tornaram-se tão distorcidas (ao extremo) que, afetadas pela contracultura dos

* Personagem principal da popular série norte-americana dos anos 1950, *Leave it to Beaver* (Deixe com o Beaver). (N. T.)

anos 1960, elas acabaram se rebelando contra as definições estreitas de feminilidade. Foi então que o movimento feminista ganhou força.

Contudo, o macho alfa continua a ser mitificado como o homem mais viril e desejável, enquanto o beta ainda obtém notas baixas na escala de masculinidade. Já as mulheres alfa são descritas de modo caricato como controladoras, mandonas e até masculinizadas, enquanto as antiquadas e submissas beta invocam poderosa nostalgia. O fato é que, mesmo ultrapassados, esses estereótipos desastrosos ainda sobrevivem. E enquanto continuarmos comprando essas ideias, contribuiremos para a perpetuação de visões distorcidas de nós mesmas, que nos levam a escolhas românticas nada saudáveis.

Proponho, portanto, que observemos os traços de personalidade contidos em uma escala alfa/beta que se aplica a ambos os gêneros. Desse modo, poderemos nos distinguir como verdadeiros indivíduos, não como membros de grupos culturalmente determinados como machos e fêmeas. A fim de proporcionar às pessoas as ferramentas necessárias para avaliarem a si e seus relacionamentos, os termos são usados de maneira imparcial. Cada mulher e cada homem se encontrará em um ponto único e específico dessa escala; ninguém é unidimensional. Definir seu perfil alfa/beta é aprender e se apropriar de todas as suas qualidades: tanto os pontos fortes quanto os fracos, igualmente.

Na escala em questão, você encontrará entre os extremos alfa/beta inúmeros graus e várias combinações de características do ser humano. Algumas pessoas claramente ocupam as extremidades, enquanto outras se mostram mais inclinadas em uma direção que em outra. Há ainda aquelas que ostentam porções iguais de ambos os lados. Se você está lidando com relacionamentos difíceis no século XXI (e quem não está?), usar essa escala além de ajudá-la a compreender e a se adaptar às massivas mudanças culturais nas identidades e nos papéis dos gêneros, também vai expandir suas escolhas e construir relações melhores.

Trazendo os termos à tona

Você é ousada, orientada para a carreira e segura de si? Você aprecia a ideia de ser uma alfa? Algumas mulheres que vêm ao meu consultório não demonstram dúvida ao se referirem a si mesmas como alfa, embora, em minha opinião, todas sejam bastante diferentes umas das outras. De fato, não existe um perfil alfa único e totalmente inclusivo. Classifico as alfa em três graus: elevado, moderado e baixo. As alfa de grau elevado são totalmente independentes; não têm medo de confrontos; são assertivas, decididas e um pouco mandonas. Em termos sociais, estão sempre no centro da ação; são líderes e conectoras, capazes de reunir pessoas e organizar atividades conjuntas. As alfa de grau elevado são muito determinadas: elas correm atrás do que desejam e geralmente o conseguem.

As beta também são divididas em três graus: elevado, moderado e baixo. Dependendo de onde se encaixa na escala beta, você é protetora, emocionalmente sintonizada e colaborativa. Quando em grupo, as beta não se importam em oferecer suporte em vez de ocupar uma posição de liderança. Elas confiam em si, mas não sentem tanta necessidade de assumir o papel de chefe. Entretanto, é importante ressaltar que a mulher beta de hoje não é igual à do passado. Ela está em contato com sua alfa interior; é possível que ela revele essa faceta mais em casa que no trabalho, ou vice-versa. Pessoas com perfil mais beta demonstram maior tendência a evitar confrontos, porém, se tiverem algumas características alfa, elas certamente defenderão aquilo em que acreditam. Ao lado de um homem alfa, que gosta de dominar, a habilidade de acomodação de uma mulher beta pode resultar em um bom equilíbrio. Todavia, já percebi que um número cada vez maior de alfas está se apaixonando por homens beta, que serão parceiros fortes e compartilharão com elas o trabalho e os cuidados com os filhos; eles ainda terão o potencial para se tornar grandes amigos.

O novo beta é mais complicado e desejável que o homem sensível dos anos 1980 e 1990. Ele é emocionalmente acessível e cooperativo. Ao falar sobre seu namorado beta, uma jovem de 28 anos explicou: "Somos iguais. Ele se descreve como 'moldável'; diga a ele o que você precisa e ele simplesmente o fará. A mãe dele tem uma personalidade muito forte, então ele é bastante respeitoso. Ele é um beta convicto. Eu posso ser a líder da relação e isso não será um problema para nenhum de nós dois".

Acima de tudo, o ego de um beta convicto é vigoroso o suficiente para não temer uma mulher forte. Embora envolver-se em uma batalha não seja sua primeira inclinação, o beta saberá se defender quando necessário. Ele não é um fraco: é cooperativo, sem ser obediente; talentoso, mas não viciado em trabalho; assertivo, não confrontador. Ele é o tipo de homem pelo qual muitas mulheres contemporâneas estão esperando, mas não é apreciado adequadamente em uma cultura em que o alfa reina absoluto.

Os perfis de personalidade

Veja a seguir os adjetivos que definem os dois tipos de personalidade, seus pontos fortes e também os fracos:

Alfa

- **Aspectos positivos:** independente; seguro; assertivo; ousado; ambicioso; empreendedor; determinado; energético; líder.
- **Aspectos negativos:** exageradamente confiante; controlador; teimoso; tende a ser crítico, mas não aceita críticas com tanta facilidade; hierárquico; tende a encobrir inseguranças

com intimidação; considera difícil tolerar sentimentos de impotência e/ou vulnerabilidade; precisa ser o líder.

- **Aspectos positivos/negativos:** intenso; confrontador (com frequência é capaz de saltar direto na jugular do outro, mas tem a coragem de enfrentar conflitos); comunica-se de maneira direta, mas, às vezes, é honesto demais.

Beta

- **Aspectos positivos:** emocionalmente disponível; colaborativo; maduro; confiável; compassivo; amoroso; orientado para o relacionamento; deseja ser um bom parceiro; trabalha em grupo; bom confidente; responsável.
- **Aspectos negativos:** tem dificuldade para expressar raiva; extremamente ansioso; muito autocrítico; passivo-agressivo; às vezes muito despreocupado; pode abrir mão do poder, mesmo quando isso não é do seu interesse; pode se comunicar de maneira excessivamente indireta a ponto de obscurecer a mensagem; demasiadamente preocupado com o que os outros pensam.
- **Aspectos positivos/negativos:** condescendente (deixa-se dobrar com frequência, mas é capaz de cooperar visando benefício mútuo); gosta de agradar, às vezes à custa de si mesmo; não é competitivo (de um lado, pode desistir muito depressa; do outro, pode permitir que outra pessoa fique em evidência); evita disputas pelo poder e pode ser intimidado.

Questionário de personalidade alfa/beta

Desenvolvi este questionário ao longo de vários meses para identificar traços de personalidade e estilos de relacionamento. Analise as afirmações a seguir e marque as que se aplicam a você. Não pense demais. Lembre-se: não existem respostas certas ou erradas. Considero essa ferramenta extremamente útil para indivíduos que (1) buscam mais compreensão de si e de suas escolhas, (2) estão à procura do melhor parceiro e (3) desejam avaliar situações e conflitos em uma relação já existente.

No final do questionário, você descobrirá como calcular seus pontos. Uma vez que determinar seus níveis alfa/beta, você poderá inserir seu tipo de personalidade no gráfico apresentado na sequência.

1. Tendo a ser mandona(mandão).
2. Esforço-me para agradar meu(minha) parceiro(a).
3. Sou temperamental.
4. Coloco a amizade acima da ambição.
5. As pessoas às vezes me consideram arrogante.
6. Tento observar outros pontos de vista.
7. Era/sou uma pessoa festeira na faculdade.
8. Tendo a me concentrar nos meus erros.
9. Amo o fluxo de adrenalina dos empreendimentos de risco.
10. Procrastino projetos em casa e no trabalho.
11. Não consigo ficar dentro de nenhum orçamento.
12. Tendo a ser cautelosa(o) ao gastar dinheiro.
13. Posso destruir pessoas com minhas críticas.
14. Sinto empatia facilmente pelos problemas alheios.
15. Gosto de fazer, não de falar.
16. Sou cautelosa(o) a respeito da maioria das decisões.
17. Sou muito autoconfiante.
18. Com frequência fico acordada(o) durante a noite pensando no que deveria ter dito.

19. Não hesito em definir minhas necessidades em um relacionamento.
20. Paro de funcionar quando me sinto sufocada(o).
21. Sou mais vigoroso(a) que a maioria dos meus amigos.
22. Adoro brincar com crianças.
23. Uma vez que eu tenha tomado uma decisão, é difícil mudar meu pensamento.
24. Detesto confrontos.
25. Às vezes sou tão autoconfiante que acabo subestimando a concorrência.
26. Faço praticamente qualquer coisa para evitar uma discussão com uma(um) amiga(o).
27. Sou maluca(o) pelo controle; se eu não fizer o que precisa ser feito, ninguém o fará.
28. Faço o possível e o impossível para que as pessoas se sintam confortáveis.
29. Com frequência cancelo compromissos no último minuto.
30. Gosto muito mais de conversar face a face com uma(um) amiga(o) próxima(o) que ir a uma festa.
31. Sinto-me feliz sob os holofotes.
32. Preciso da afirmação dos outros para me sentir bem sobre mim mesmo.
33. Gosto de fazer as coisas do meu modo.
34. Hesito em receber crédito pelo trabalho que realizo como parte de um grupo.
35. Ajo de modo confiante, mesmo quando não me sinto assim.
36. Sou boa(bom) para tomar conta de outras pessoas.
37. Tenho um espírito empreendedor.
38. Quando namoro, sinto-me insegura(o) se os(as) homens(mulheres) me acharão atraente.

39. Sempre digo o que penso.
40. Sou cautelosa(o) com pessoas que não conheço.
41. As realizações de outras pessoas me fazem trabalhar ainda mais duro.
42. Tento intuir sobre os sentimentos de outras pessoas.
43. Sou muito competitiva(o).
44. É melhor ser gentil que honesta(o) demais.
45. Não gosto de pedir desculpas.
46. Percebo-me pedindo desculpas por muitas coisas que acontecem.
47. Sou muito intensa(o) sobre minha vida e sempre mantenho meus objetivos claros à minha frente.
48. Preocupo-me com a opinião de outras pessoas sobre mim.
49. Outras pessoas cometem mais erros que eu.
50. Tendo a ser uma pessoa muito despreocupada.
51. Sou agressiva(o) sobre conseguir o que quero.
52. Sinto-me orgulhosa(o) em ser afetuosa(o) em meu relacionamento.
53. Sou mais esperta(o) que a maioria das pessoas.
54. Com frequência fico sufocada(o) quando estou com raiva.
55. Vou ao extremo ao fazer a maioria das coisas.
56. Preocupo-me com a ideia de o(a) meu(minha) parceiro(a) me trair.
57. Adoro explorar novos lugares e encontrar novas pessoas.
58. Para os homens: Eu jamais falaria de maneira condescendente com uma mulher.
59. Correr riscos é muito divertido.
60. Sinto-me um pouco inibida(o) no que diz respeito a sexo.
61. Eu naturalmente assumo a liderança em trabalhos em grupo.

62. É importante ser uma(um) boa(bom) parceira(o) em uma relação.
63. Para mulheres: Nunca me sinto intimidada pelos homens.
64. Sempre me preocupo com as coisas.
65. As pessoas zombam de mim pelo fato de eu tomar todo o espaço do cômodo.
66. As pessoas percebem que estou zangada(o) sem eu dizer uma palavra.
67. Adoro ser desafiada(o).
68. Uma noite perfeita é aquela em que peço comida e assisto a um filme.
69. Outras pessoas me decepcionam muitas vezes.
70. Sinto-me devastada(o) se magoo alguém sem intenção.
71. Gosto de me dedicar a um projeto difícil e provar que consigo dar conta.
72. Detesto lidar com problemas financeiros.
73. Sou uma pessoa dominadora.
74. Beneficiei-me de algum tipo de terapia.
75. Às vezes é difícil não fazer um comentário desdenhoso ou maldoso.
76. Sinto-me culpada(o) com frequência.
77. Ter o poder me excita.
78. Quase sempre vejo uma discussão pelos dois pontos de vista.
79. Gosto de experimentar no quesito sexo.
80. Sou uma(um) jogadora(jogador) de equipe.
81. Certifico-me de que as pessoas prestem atenção em mim.
82. Ai, doeu! Às vezes as pessoas conseguem me machucar.
83. Em geral meus argumentos são difíceis de ser derrubados.
84. Quando as coisas saem erradas, geralmente me culpo.
85. Sei exatamente quando partir para o ataque.

86. Sigo as regras.
87. Não me preocupo com o que as pessoas pensam de mim.
88. Respeito a opinião dos outros.
89. Minhas opiniões são leis obrigatórias.
90. Às vezes tenho de me convencer a não duvidar de mim.
91. Tomo a iniciativa no sexo.
92. É importante lutar para alcançar o consenso.
93. Eu inicio as coisas: escolho o restaurante, o filme, o apartamento etc.
94. Sou uma(um) boa(bom) mediadora(mediador), pois não escolho lados.
95. Tomo decisões rapidamente. Para que perder tempo?
96. Tento sempre agradar as pessoas.
97. Adoro dar conselhos.
98. Tendo a me sentir ansiosa(o) em situações novas.
99. Se for importante, serei inflexível em uma negociação.
100. Detesto angustiar outras pessoas.

Para obter sua pontuação, conte o total de todos os números pares que marcou. Multiplique o resultado por 2 e acrescente o sinal de percentagem atrás. Este é o seu total beta. Faça o mesmo com os números ímpares: multiplique o resultado por 2 e acrescente o sinal de porcentagem. Esse é o seu total alfa. Por exemplo, se você marcou vinte números pares e trinta números ímpares, você será 40% beta e 60% alfa. No gráfico a seguir você poderá encaixar seus resultados, colocando o percentual beta na linha horizontal e o alfa na linha vertical. Em que quadrante as linhas se intersectaram? Seu número é mais alto em beta ou em alfa? Por muito ou por pouco? Se a diferença no percentual encontrado estiver próxima de 1 a 10, você é um indivíduo híbrido (números quase iguais).

Se você tiver um parceiro, peça que ele também responda a esse questionário. O resultado será obtido da mesma maneira. Em seguida, encontre a posição da pessoa no gráfico. Vocês estão no mesmo quadrante ou em quadrantes diferentes? Depois do gráfico, observe os nove perfis de personalidade que combinam com cada um dos quadrantes do gráfico. Esses perfis servem para elucidar o potencial de várias combinações, mostrar o que seria positivo e confortável, desafiador e conflituoso ou, até mesmo, perigoso para você.

SEQUÊNCIA ALFA/BETA

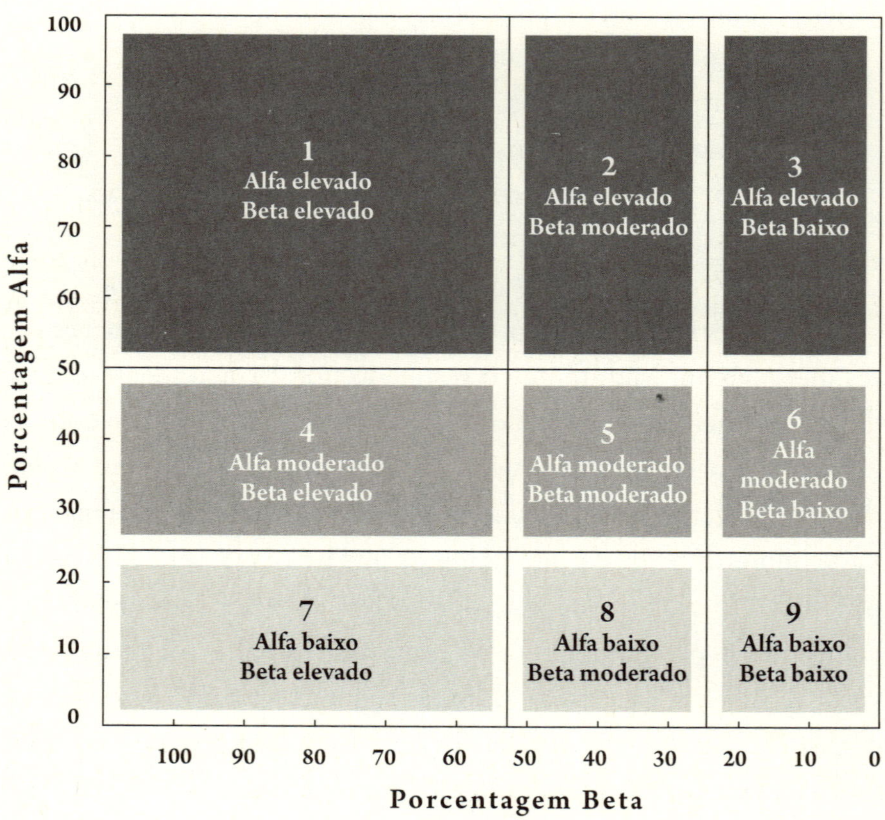

Um

Você é uma (um) verdadeira(o) híbrida(o): alfa e beta elevados. Você é muito autoconfiante e ambiciosa(o) e, em um relacionamento, vai liderar e também se comprometer. Esse perfil é incomum, uma vez que a maioria das pessoas não apresenta níveis elevados em ambos os lados. Você combina com muitas pessoas, mas cuidado com parceiros(as) que ocupem o quadrante nove; esse tipo de relação vai se basear em codependência, pois você fará todo o trabalho. O (a) parceiro(a) mais compatível seria alguém que se parecesse com você (dos quadrantes um, quatro, dois e cinco).

Dois

Você apresenta alfa elevado e beta moderado, o que significa que é dominante na maioria dos relacionamentos, mas tem a capacidade de colaborar e se comprometer. Entretanto, você precisa tomar cuidado para não impor seus desejos e subjugar as pessoas. Você combinará bem com alguém cujo perfil se enquadre entre beta moderado forte a beta elevado, o que permitirá que o seu alfa fique no comando. A melhor opção seria alguém mais despreocupado que você, que a(o) ajude a relaxar quando necessário (quadrantes quatro e/ou sete).

Três

Você é excessivamente dominadora (dominador), até mesmo mandona (mandão). Considerando que o seu alfa é tão forte, você precisa suavizá-lo, desenvolvendo seu lado beta e permitindo a si sentir-se vulnerável. Sua melhor combinação seria com alguém cujo grau beta fosse elevado – entretanto, essa pessoa também precisaria ter, no mínimo, um grau moderado de alfa, do contrário, você passará por cima dela. Busque um(a) parceiro(a) que ocupe os quadrantes quatro ou cinco. Se essa pessoa for muito parecida com você (alfa elevado/beta baixo), vocês acabarão brigando o tempo todo e se envolvendo em disputas por poder.

Quatro

Você apresenta uma boa mescla de alfa e beta; é provável que se dê bem com todo mundo e que muita gente goste de você. Você é autoconfiante, sem, entretanto, se mostrar autoritária(o). Cooperativa(o), é possível que você prefira deixar que seu (sua) parceiro(a) assuma a liderança na relação – mas você não é ingênua(o). Você se daria bem com um alfa forte (quadrantes um ou dois), uma vez que consegue manter seu espaço. Contudo, se sentirá mais confortável em um relacionamento estável e seguro, com alguém como você e que também esteja no quadrante quatro.

Cinco

Você é um híbrido de alfa e beta moderados. Você é tranquila(o) e, com suas boas habilidades de relacionamento, consegue criar uma relação igualitária e compatível com alguém como você (quadrante cinco). E, nesse caso, considerando que ambos preferem evitar confrontos, esse tipo de parceria enfrentaria grau reduzido de conflitos. No entanto, uma vez que é híbrida(o), terá várias outras opções mais desafiadoras (quadrantes três, dois e um). Em qualquer uma dessas combinações você será a(o) cuidadora (cuidador) e o(a) seu (sua) parceiro(a), líder. Talvez tenha de desenvolver um pouco mais o seu lado alfa, de modo que você possa, ocasionalmente, opor alguma resistência.

Seis

Você se mostra confiante em diversas situações, mas não é muito intuitiva(o) em relação aos sentimentos alheios e tende a não se esforçar muito para manter seus relacionamentos. Você é demasiadamente reservada(o) e contida(o); às vezes é despreocupada(o) e adora evitar conflitos. Você precisa de um(a) parceiro(a) que tenha grau beta mais elevado que o seu (quadrantes dois ou cinco), de modo que você possa aprender a se sintonizar mais com os outros.

Sete

Você é muito complacente e sensível e busca segurança e estabilidade em seus relacionamentos. Você não gosta de perturbar o equilíbrio da situação e tende a evitar competições e confrontos. Seu ponto forte está em sua acessibilidade emocional; você procura relações profundas e consegue se comprometer, mas faltam-lhe coragem e confiança. Os(as) parceiros(as) que mais a (o) completariam seriam aqueles com alfa elevado. No entanto, tome cuidado para não se tornar dependente de alguém que a (o) domine.

Oito

Emocional, você valoriza muito seus relacionamentos, mas não dispõe de autoconfiança e considera difícil se autoelogiar. Embora tenha opiniões fortes, você se sente desconfortável em lutar por aquilo em que acredita. Você pode se sentir atraída(o) por parceiros(as) com alfa elevado (quadrantes dois ou três), o que a(o) leva a arriscar-se a ser intimidada(o). Pelo fato de não gostar de confrontos e buscar a compatibilidade, você precisa aprender a não recuar diante dos desafios. Você se sairia melhor ao lado de um(a) parceiro(a) parecido(a) com você (quadrantes oito ou sete) ou que apresentasse um alfa moderado (quatro ou cinco).

Nove

Você não se sente segura(o) de si e é demasiadamente conformada(o). Passiva(o), ansiosa(o) e excessivamente autocrítica(o), às vezes tem medo da própria sombra e se preocupa demais com o que os outros pensam a seu respeito. Você tende a julgar incorretamente os motivos e as intenções das pessoas. Antes de entrar em um relacionamento, reflita bem e pense em como desenvolver mais sua autoconfiança. De outro modo, as pessoas tirarão vantagem de você e a(o) tratarão mal. Tenha cuidado. Você é vulnerável!

A combinação perfeita

Veja como avaliei as respostas de quatro mulheres solteiras, com idades, vivências e ocupações diferentes.

Carson, 21

Com 33% alfa e 38% beta, Carson apresenta alfa e beta moderados (quadrante cinco). Cursando o último ano em uma faculdade para mulheres da Georgia, Estados Unidos, ela deseja fazer pós-graduação na área de estudos sobre o Oriente Médio e trabalhar para o governo, fora do país. Ela acredita ser capaz de fazer tudo o que tiver em mente. Oriunda de uma família sulista e religiosa, ela estabelece certos padrões para si, porém não julga a atitude de outras pessoas. Ela não concorda com o sexo antes do casamento, mas o matrimônio definitivamente não é uma de suas prioridades. "Todos os meus amigos se envolvem com outras pessoas," ela diz. "Eu não faço isso, mas compreendo a razão deles. Se eu não fosse religiosa, eu também o faria." De modo taxativo, ela se nega a manter um relacionamento, dizendo: "Quero descobrir meu caminho antes de me envolver com alguém." Carson teve um namorado no segundo ano da faculdade, mas afirma o seguinte: "Ele não compreendia por que eu me sentia tão voltada para minha carreira. Ele não respeitava meus objetivos, simplesmente queria uma esposa. Então, eu disse: 'A gente se vê por aí!'" Ela afirma que algum dia é provável que se case, mas, por enquanto, deseja estudar e trabalhar. Ela considera Hillary Clinton seu modelo pessoal. Seu objetivo número um é viver no Oriente Médio e ajudar as pessoas. "É muito importante," ela diz, "encorajar as pessoas, compartilhar com elas otimismo e amor." Quando estiver pronta para se relacionar, é provável que o parceiro mais compatível para Carson venha dos quadrantes três, dois e um (e ele deve estar preparado para viajar!).

Sophie, 26

Com 70% alfa e 30% beta, Sophie está no quadrante dois, ou seja, apresenta alfa elevado e beta moderado. Ela é mandona, franca, tem o temperamento forte, detesta "gente devagar" e não se sente nem um pouco intimidada pelos homens. Ao mesmo tempo, porém, considera os amigos muito importantes; ela detesta irritar as pessoas e nunca coloca suas ambições acima de suas amizades. Ela se sente desconfortável com o hábito de se envolver muito depressa com pessoas que a interessam, e então terminar o namoro quando o sujeito resolve levar o relacionamento adiante, pois começa a se sentir pressionada. Os homens, invariavelmente, sentem-se comandados e rejeitados. Ela tem muito trabalho a fazer, várias posições a conquistar e muitos lugares para ir. Ela gosta da sensação de ter o poder nas mãos, mas não gosta do fato de magoar as pessoas. Com um alfa elevado, Sophie vive de maneira acelerada – em uma montanha-russa de entusiasmo e desapontamento. Se diminuir o ritmo, ela se sentirá mais no controle da situação e menos culpada. Quando estiver pronta para iniciar uma relação séria, seus parceiros em potencial virão dos quadrantes quatro ou sete: os melhores candidatos serão aqueles que deixarem Sophie assumir a liderança, mas que souberem opor resistência; ela se dará bem com alguém firme que a ajude a sair dessa montanha-russa e seja capaz de lhe oferecer uma sólida base intelectual e emocional.

Suzie, 29

O resultado de Suzie é 48% alfa e 76% beta. Ela terminou recentemente sua residência médica em um grande hospital e está decidida a encontrar um parceiro. Tanto durante seus estudos em uma universidade da Ivy League quanto ao longo da especialização em Medicina, ela explorou relacionamentos com vários tipos de homens: o atleta, o encantador, o sonhador e o trabalhador. Entre uma relação e outra, ela experimentou sexo casual com vários parceiros. Por meio dessas experiências, Suzie aprendeu muito sobre o que ela não desejava para si. Conforme se prepara seriamente para sua busca de um parceiro on-line, ela não se sente pressionada porque se conhece: uma mulher bastante tradicional e com um forte desejo de formar uma família. Suzie está em busca de um parceiro que seja intelectualmente parecido com ela e que valorize o companheirismo de uma pessoa cordial e apoiadora. Ela reconhece que precisa de um homem estável, que mantenha os pés no chão para equilibrar e complementar sua natureza excêntrica. Os melhores candidatos para Suzie serão aqueles oriundos dos quadrantes um e dois; talvez os do quatro também funcionem, embora esse tipo de homem não represente para ela um grau suficiente de desafio.

Emilie, 42

O resultado de Emilie é 68% alfa e 50% beta, o que coloca essa mãe solteira com dois filhos gêmeos na condição de alfa e beta elevados (quadrante um). Como tal, Emilie, uma glamorosa e altamente respeitada *designer* de joias de Nova York, combina sua presença dominante a uma compreensão intuitiva de sentimentos e relações. Ela é adorada em seus negócios e muito respeitada por novos profissionais da área. Nos bastidores, entretanto, sua vida tem sido difícil: ela e o marido se separaram quando os gêmeos ainda eram bebês. Ela não voltou a se casar e cria os filhos sozinha. Emilie já tentou relacionamentos pela internet, mas acha que sua personalidade forte afasta candidatos em potencial. Com seu passado europeu, é uma mulher sofisticada e cosmopolita. Ela também é muito direta – nunca hesita em dizer exatamente o que pensa, embora sempre prefaciado pela frase "Com todo o respeito" –, mas tende a se considerar menos impositiva do que realmente é. Emilie costuma atrair homens alfa que competem com ela. Ela tem problemas com compromisso, mas vem trabalhado isso por meio de terapia. Emilie precisa de um homem maduro e corajoso; alguém que respeite sua arrogância natural, mas saiba se impor; uma pessoa que consiga ir além e enxergar a pessoa amorosa e calorosa que vive dentro dela. Os melhores candidatos sairiam dos quadrantes um, quatro, dois ou cinco.

Não se autolimite

Quando perguntei a Casey – uma participante do grupo de discussão que respondeu ao questionário (com o resultado alfa moderado/beta elevado) – como se sentia sobre esse método de avaliação de personalidade e relacionamento, ela respondeu: "Sou um pouco mais beta que alfa, o que me surpreendeu um pouco. Mas não vejo isso como um ponto negativo".

Você teve uma experiência similar? Sentiu-se surpresa com o resultado? Confortada? Confusa? E os rapazes? Casey disse que seu namorado, Dylan, "inicialmente não queria ser chamado beta; foi uma reação automática. No entanto, quando eu o guiei pelo questionário, ele se saiu bem. Ele se identifica como um feminista e conseguiu se encontrar em várias características beta positivas."

Contudo, lembre-se: todo alfa precisa de um pouco de beta; e todo beta precisa de um pouco de alfa. Nesse sentido, para se tornar disponível para uma conexão emocional com um parceiro, a mulher alfa precisa aprender a abrir mão de um pouco de controle e a tolerar maior vulnerabilidade. Ela poderá usar algumas habilidades beta para se tornar mais sensível e melhor jogadora de equipe. Já uma mulher beta pode aprender a assumir algumas das tarefas tipicamente alfa que ela sempre evitou, como lidar com dinheiro, por exemplo; assumir um pouco mais suas responsabilidades também seria muito benéfico para ela.

Portanto, o seu resultado (ou o dele) pode lhe dizer muitas coisas positivas. Ao mesmo tempo, porém, o fato de esse método lhe mostrar onde você está agora não significa que você tenha de permanecer no mesmo quadrante para o resto da vida. A ideia aqui não é simplesmente categorizar as pessoas! Em vez disso, pense no questionário como uma ferramenta que lhe permitirá ambicionar outras coisas e perceber áreas em que você precisa melhorar. Com mais conhecimento de si, todas as pessoas têm a capacidade de se tornar mais equilibradas.

Capítulo 3
Sexo e a mulher alfa

O melhor dos mundos. As mulheres podem fazer sexo sem se comprometer. Elas podem postergar o casamento, se divertir e se concentrar na carreira. São sexualmente assertivas e, então, quando chega o momento, elas encontram e se casam com o alfa dos sonhos. Verdade?

Bem, isso é um pouco complicado.

"O macho alfa é o homem desejado. Ele pode escolher a mulher que quiser." – *Molly*

"O macho alfa está somente preocupado com seu trabalho. Não há futuro nesse relacionamento." – *Dani*

"É divertido ficar ao lado de um homem que a deixa nervosa. Tenho essa fantasia de ser sexualmente arrebatada." – *Lori*

"Em termos sexuais, não tenho problemas em ser assertiva. Não me sinto emocionalmente vulnerável na cama. São outras coisas que me deixam nervosa, como pedir o tempo de um homem." – *Serena*

"Os homens alfa não são os mais desejáveis. Eles estão demasiadamente focados em si, e não estão voltados para o relacionamento. Finalmente encontrei alguém que, como eu, se preocupa com uma vida familiar." – *Holly*

"Quero os dois. Você quer sentir que ele é sexy e mais forte que você, mas, se isso for tudo, é vazio demais." – *Ann*

"Nós corremos atrás desse homem alfa e o sexo com ele nos deixa extasiadas. Contudo, com o tempo, acabamos perdendo em conexão e intimidade. Na manhã seguinte você quer ficar algum tempo ao lado dele, acariciá-lo, mas às cinco da manhã ele já saiu para a academia de ginástica." – *Jamila*

"Quando trabalhava no setor bancário, eu me sentia muito atraída por homens alfa. Então percebi que eles eram o meu reflexo no espelho. Eles são extremamente egocêntricos! Percebi que precisava de alguém totalmente diferente. Acabei me casando com um cara que tem um coração beta e um pênis alfa! Ah – e por falar nisso, sou eu quem sai para a academia às cinco da manhã, e é ele quem fica reclamando!" – *Yvette*

A atração do homem alfa

"Adoro os homens alfa porque eles são supersexies", afirma minha cliente Emily, aninhando-se confortavelmente com as almofadas do sofá. "Tenho conversado com um rapaz no site de relacionamento gratuito OkCupid. Ele define a si como um verdadeiro homem", acrescenta com um sorrisinho maroto.

"Emily", digo eu, "o que você está pensando? Se é isso o que ele tem a dizer sobre si mesmo, é provável que ele seja apenas outro machão!"

A maioria das coisas veio facilmente para Emily, a popular CEO de uma empresa *start-up* na internet. Ela sempre acreditou que quando estivesse pronta para se casar ela encontraria sua cara-metade: alguém tão ambicioso e competitivo quanto ela. Em seus 30, essa sino-americana é autoconfiante, assertiva e descaradamente erotizada. Embora sempre tenha se visualizado casada e com filhos, sua vida social tem sido desregrada, e ela aprecia isso. Todavia, depois que seu relacionamento de um ano acabou chegando ao fim, ela iniciou uma terapia para compreender porque ainda não encontrou o homem certo, e para saber o que fazer a esse respeito.

"Eu sei, eu sei", ela diz. "Mas ele é uma gracinha e fazer sexo com ele será fantástico," afirma com um sorriso no rosto.

Deixemos para lá o relacionamento sério que ela jura desejar!

"Sabe", completa, "muitos homens que encontro esperam que eu me encaixe no estereótipo de 'doce mulher asiática.'"

Nós duas sorrimos.

"Bem, doutora Rhodes, adivinhe", enfatiza a jovem, completando: "eu não sou uma delas."

Honestamente, Emily é uma tigresa. Seu estilo é confrontador e agressivo. Há algum tempo, ela me contou sobre um homem com quem saiu algumas vezes. "Estávamos sempre discutindo", ela disse. "Certa vez, fomos jantar fora e acabamos discutindo por causa de um comentário racista que ele fez para a garçonete. Conforme nos levantamos para sair, ele simplesmente colocou o pé na minha frente para que eu tropeçasse." Era óbvio que ela estava se saindo melhor na discussão.

Emily, essa jovem forte e passional, e de natureza competitiva e assertiva, chegou a um ponto de virada crucial: deseja um relacionamento de longo prazo. Contudo, ela própria admitiria algumas sessões mais tarde, "não permito que as pessoas entrem facilmente no meu coração". Mesmo em sua infância, ela lembra-se, "sempre lutei para resolver tudo sozinha. Eu era autossuficiente e perfeccionista. Não quero depender de ninguém, pois não quero ficar desapontada". Conforme conversamos um pouco mais, sugeri que ela buscasse homens que não se sentissem tão confortáveis com intimidade, assim seria mais fácil mantê-los à distância. Ela ficou em silêncio ao considerar a ideia.

Depois de vários meses tentando compreender seus relacionamentos malsucedidos com homens alfa pelos quais se sentira atraída, Emily luta com desejos conflitantes. "De fato, preciso encontrar alguém menos intenso", admite. "Alguém que não seja tão dominador e tenha uma natureza mais delicada. Ele não precisa ser um mago de Wall Street, apenas demonstrar ética profissional e ser independente."

O fato é que, às vezes, ela ainda se sente atraída pelos alfa, embora tudo o que ela menos precise no momento seja de alguém arrebatador na cama, mas que, ao mesmo tempo, mostre-se incapaz de construir um relacionamento verdadeiro, nem esteja disposto a fazê-lo. Ela já experimentou tudo isso. Do que ela precisa neste momento é de um homem que a respeite e a admire por suas qualidades de liderança, ambição, autoconfiança e sucesso, sem considerá-la uma ameaça. Ela precisa de alguém emocionalmente acessível. Um homem que seja assertivo, mas não confrontador. Precisa de um parceiro que tenha os próprios talentos, mas que valorize o relacionamento e lhe ofereça prazer sexual. Emily, uma alfa forte, precisa muito de um bom beta. De fato, homens beta são perfeitos para alfas como ela.

Estereótipos sexuais

Nos anos 1970, psicólogos evolucionistas aplicaram a teoria Darwiniana para explicar as diferenças no comportamento sexual de homens e mulheres. De fato, eles apuraram essas diferenças "evolutivas" (homens caçadores; mulheres agregadoras) para explicar supostas adaptações naturais, ou seja, de que o homem deseja o poder enquanto a mulher busca a segurança, evocando assim os tempos Vitorianos, em que os homens eram autoritários e viris, enquanto as mulheres passivas e refinadas (e reprimidas!). Esse foi apenas o início da proliferação dos mitos sobre as diferenças entre os gêneros. Essas ideias contrariam frontalmente os hábitos sexuais de hoje, porém, muitas pessoas ainda acreditam nelas.

Novas pesquisas desafiam a crença de que essas diferenças sexuais sejam arraigadas no ser humano, ou seja, de que os homens sejam programados para ser mais erotizados que as mulheres. Depois de analisar cuidadosamente mais de uma dúzia de estudos antigos sobre gênero sexual, personalidade e comportamento, pesquisadores descobriram que em uma variedade de atributos, incluindo características e comportamentos sexuais, "homens e mulheres se sobrepõem consideravelmente". Os autores chegaram a dizer que uma crença na ideia de "diferenças categóricas" entre mulheres e homens cria um risco ainda maior sobre estereótipos já tradicionais "ao tratar certos comportamentos como imutáveis". O estudo da psicóloga Janet Hyde concluiu que a maioria das diferenças de gênero nas atitudes e nos comportamentos sexuais são pequenas.

O fato é que não existem evidências de que a sexualidade seja um atributo mais masculino em decorrência da natureza que pelo próprio cultivo dessa ideia (normas culturais). A sociedade tem definido de modo estreito o comportamento dos gêneros.

A separação entre o sexual e o emocional

"Eu quero trepar!" proclama minha cliente Valerie, ostentando um sorriso sagaz. Ela está sendo deliberadamente escandalosa, mas estou consciente de que está apenas expressando sua genuína frustração a respeito do sexo com seu namorado, Michael. "Talvez esse cara seja muito passivo para mim", afirma. Pelo que posso dizer a partir da descrição dela, Michael é um beta convicto, com uma parcela de alfa – em um nível mais baixo que o da maioria dos namorados anteriores de Valerie.

Muitas mulheres caem na armadilha do que os terapeutas chamam de "divisão", que ocorre quando se divide o mundo em preto e branco. O homem é agressivo, irresponsável e sexy ou sensível, responsável e bobo na cama. O cara mau é quente, mas não confiável. O bonzinho é carinhoso, mas não "tem as manhas". Em vez de integrar todas as facetas de um indivíduo em um todo, muitas mulheres dividem os homens em duas categorias, o que torna difícil para elas encontrar a pessoa ideal.

A divisão é uma estratégia inconsciente que ajuda as mulheres a lidar com seus conflitos internos. Muitas se sentem divididas entre seus fortes desejos sexuais (paixão física) e suas necessidades de relacionamento (emoções). Pelo fato de parecerem inconciliáveis, elas fazem uma divisão. Nesse sentido, o relacionamento gira em torno de emoção ou de sexo. Isso não soa correto – e de fato não é!

Para as mulheres alfa há ainda outra questão a ser considerada. Em geral, a alfa será dona do seu espírito de agressividade e competitividade na maioria das áreas da vida, mas, no que se refere a sexo, ela pode ser avessa a tomar a iniciativa. Nossa cultura atinge as mulheres com essas tão familiares mensagens de duplo significado: seja sexy, mas não abertamente voluptuosa; mostre que está a fim, mas não banque a "piriguete". Também existe um alerta de perigo segundo o qual, se você demonstrar apetite sexual intenso, enfraquecerá o seu homem. As mulheres são ensinadas a "deixar que o homem seja o homem na cama". Seria de surpreender que nos encontros sexuais as alfa percebessem a própria assunção de responsabilidade como uma característica não feminina, e evitassem ser explícitas a respeito de suas necessidades? Surpreende o fato de que mulheres fortes queiram que o homem dê o primeiro passo na cama? Isso é paradoxal e fora de moda, mas é difícil acabar com certas normas culturais. A maioria das mulheres, alfas e betas, fantasiam sobre o homem vigoroso que as arrebate e as leve ao êxtase sexual.

Valerie nunca se sentiu muito ambivalente sobre os tão falados atributos dos homens e das mulheres. Ela não tem vergonha do seu apetite sexual, e não é uma mulher introvertida. Tem um relacionamento com Michael há vários meses, mas, por baixo da superfície, ela luta com sua ambivalência. Sendo um artista cujos shows têm recebido elogios, Michael é professor em uma prestigiada escola de arte em Manhattan, Nova York. Ele é esperto e cosmopolita, e ambos compartilham os mesmos interesses culturais, porém, ele tem menos experiência sexual que ela.

Com os homens alfa que já namorou, Valerie frequentemente acabava competindo pelo poder, enquanto o relacionamento com Michael é caloroso e compassivo. Ambos têm a mesma visão de vida. O que Valerie mais aprecia em Michael é sua personalidade madura diante das tendências dela, uma pessoa determinada e supercontroladora. Assim como Emily, ela também está buscando um homem com quem possa se casar e construir uma família. Seria Michael o parceiro ideal? Ela se sente atraída por ele, e eles sempre fazem sexo durante as frequentes noites que passam juntos, porém ela se sente desapontada. Ainda assim, hesita em pedir a ele o que realmente quer – o que é muito estranho, considerando que, em geral, ela é uma mulher assertiva. Por que será que essa mulher com alfa elevado evita buscar o próprio prazer?

Ela se sente desesperada pelo fato de Michael não conseguir ler sua mente. "Não quero lhe dizer o que fazer", e ela não está brincando ao falar isso. Do outro lado da moeda, para uma mulher direta como Valerie, estão seus conflitos sexuais – a "síndrome dos cinquenta tons de cinza" –, que fazem com que ela se sinta seduzida pela ideia de ser arrebatada, o que suaviza seu medo de parecer muito masculina.

Sua assertividade a beneficia no trabalho, mas, na cama, ela deseja se sentir feminina. Ela imagina ser agarrada, atirada na cama e/ou subjugada sobre a pia da cozinha; a ideia de ter suas roupas arrancadas e os braços amarrados a faz sentir uma fêmea em seu estado mais primitivo. Essa dinâmica se reflete bem com Valerie, pois, independentemente de como é em outros âmbitos de sua vida, na cama ela deseja apenas ser possuída.

Não há nada de errado com isso – desde que ela expresse seu desejo em palavras! Se você quer ser possuída, diga isso ao seu parceiro. Valerie não pode esperar que seu namorado adivinhe o que ela quer. Ela precisa ir atrás das próprias necessidades.

Muitas mulheres independentes e assertivas associam sexualidade pura à ideia de machismo, e a popularidade da depilação total é um testemunho dos conflitos da sociedade sobre a sexualidade feminina. Não farei rodeios nesse caso: as mulheres querem agradar aos homens, e ambos desejam neutralizar o poder das mulheres, então elas se aniquilam, deixando de ser fêmeas adultas e se transformando em menininhas delicadas. É contraditória essa divisão entre agressividade feminina e desejo sexual; infantilizar-se não é um meio de resolver o problema. Uma jovem de 26 anos me explicou porque ela e as amigas são totalmente contra isso. "Em primeiro lugar, não vejo porque nós deveríamos aceitar essa visão machista e pornográfica de como as mulheres deveriam ser", ela disse. "E, em segundo, dói pra caramba!"

Pior, não se apropriar de sua poderosa sexualidade poderá impedi-la de estar ao lado de um fantástico beta, que talvez se sinta um pouco inibido na cama ou simplesmente prefira um tipo de sexo mais suave e carinhoso. Se as mulheres se sentarem e esperarem o que elas desejam, elas ficarão para sempre insatisfeitas, irritadas e frustradas.

Evite jogos de adivinhação no sexo

Uma mulher de 29 anos que participava de um grupo de discussão comentou: "Você definitivamente precisa dizer aos homens o que espera deles. Se você precisa que ele seja mais vigoroso, diga isso a ele. Quando comecei a fazer sexo com determinado homem, coloquei meu vibrador sobre a cabeceira. Ele não o usou e eu não disse nada. Às vezes é difícil falar no momento exato. Da segunda vez, ele o usou. Se ele não o tivesse feito, eu teria falado. Dependeria de mim resolver o problema".

No quesito sexo oral, duas mulheres comentaram sobre o problema de uma terceira, cujo namorado nunca praticava nela, embora ela o fizesse nele. "Isso é errado", disse Toni. Sua amiga Holly acrescentou: "Eu seria paciente se ele me dissesse: 'Preciso de um pouco mais de tempo', mas, se ainda assim ele continuasse não fazendo, isso não seria um motivo para acabar a relação, desde que ele me satisfizesse sexualmente de outras maneiras. Contudo, se esse fosse meu maior prazer, isso definitivamente significaria o fim de nossa relação".

Todo mundo sabe que homens gostam que as mulheres pratiquem sexo oral, porém, também é verdade que muitos homens não o oferecem às mulheres. Talvez o homem não tenha problemas em pedir o que ele deseja na cama, mas se ele estiver relutante em retribuir (e se ele se achar no direito de agir assim), a mulher deveria mencionar esse desequilíbrio entre o dar e o receber. Nossa cultura ainda garante ao homem muito mais espaço para expressar seus desejos sexuais que à mulher. Então, as mulheres caem na armadilha de achar que precisam satisfazer seu homem. Até mesmo as mulheres alfa precisarão fazer um esforço consciente para rejeitar essa ideia ultrapassada de que garotas legais não gostam de sexo, e pedir o que desejam. Em minha experiência clínica com os homens, vejo que a maioria deseja receber algum *feedback* da companheira (aliás, se eles não quiserem é porque são egoístas e, nesse caso, nem deveriam estar na sua cama). Homens que não se sentem ameaçados por mulheres alfa se sentem excitados quando elas são explícitas sobre suas necessidades; eles querem ouvir o que você tem a lhes dizer. Quando você não fala – como faria de maneira tão livre em outras áreas de sua vida –, a única razão para isso seria algum tipo de culpa ou embaraço em relação ao seu apetite sexual. E isso, sim, é uma vergonha!

"É tudo culpa dele"

Desde o início de seu relacionamento com Michael, Valerie demonstrou uma tendência a se concentrar nas falhas dele. "Você fala como se tudo girasse em torno dele, como se todos os problemas fossem dele", afirmei. "Talvez você o esteja afastando por causa das suas dificuldades de aproximação." Não que ele fosse perfeito, mas eu notava que sempre que ela estava desconfortável com a maior intimidade entre eles, ela se concentrava nos problemas dele, não nos próprios. Isso me disse algo importante sobre o que estava ocorrendo no relacionamento daquele casal.

Mulheres alfa tendem a culpar os outros mais do que as beta. Na linguagem utilizada em Psicologia, trata-se de um típico exemplo de projeção: você externa suas dificuldades e então acusa o outro de possuí-las. (As beta tendem a se culpar pelos problemas, sejam eles de cunho sexual ou não.) Pelo fato de saber quão bem Valerie seria capaz de enfrentar desafios, eu a confrontei com as seguintes perguntas: (1) Por que você está agindo de maneira tão atípica e se mostrando tão passiva? (2) Por que você está se distanciando da sua força e autoconfiança? e (3) Por que você não observa seu papel na dinâmica do casal?

Sua responsabilidade era fazer com que Michael soubesse que ela queria mais variedade e também um tipo de sexo mais arriscado.

Michael é um homem sincero, interessante e cauteloso. De modo geral, ele é um beta com um nível suficiente de características alfa para assegurar que as próprias necessidades sejam atendidas. A verdadeira pergunta é: Poderia ele se adaptar às necessidades sexuais de Valerie sem se sentir ameaçado pelo alfa que existe nela? Ela jamais saberia se não tentasse. Ela precisaria escolher o momento certo para conversar com ele. Então, teria de discutir a questão de uma maneira não crítica (o que é difícil para uma alfa). Eu a aconselhei a usar uma abordagem leve e divertida quando tocasse no assunto, e também a ser consistente. Ela teria de compartilhar suas fantasias abertamente, de modo que Michael compreendesse suas necessidades e suas preferências. Ela precisava deixar claro seu desejo de fazer sexo não somente do modo como ele gostava, mas também da maneira que ela apreciava.

Quando demonstrei para Valerie que não havia problemas em ser a alfa da relação, tanto no âmbito sexual como em qualquer outro, ela ficou surpresa. Aquela era uma ideia totalmente nova para ela. Conforme ele começou a relaxar a respeito da maior proximidade na relação, ela percebeu que ambos haviam alcançado um grau de intimidade que ela jamais experimentara até então. Ela finalmente compreendeu que eles poderiam conversar a esse respeito e então o sexo se tornou mais excitante. Ela também descobriu a satisfação de experimentar um lado mais delicado do sexo.

Toda mulher merece uma vida sexual fantástica. Se o seu companheiro é um beta e você se sente atraída por ele, mas, ao mesmo tempo, considera que o sexo é um problema, você deve assumir o comando na cama. Não há nada de errado em compartilhar suas fantasias e colocá-las em prática. A partir daí, você descobrirá se ele é um beta suficientemente bom para acomodar o seu alfa.

Cara legal, sexo ruim?

Britney e James já estavam casados havia três anos quando ela me procurou. Desde o dia em que se conheceram, ela gostou de James – um cara legal, bem-sucedido e responsável. Ele também se apaixonou por ela e ambos gostavam de estar na companhia um do outro. Então, depois de descobrirem que ambos compartilhavam dos mesmos valores familiares os dois se tornaram um casal. "Eu sabia que ele era o tipo de pessoa que sempre me apoiaria", ela disse, percebendo-o corretamente como um cuidador – um perfeito beta – e também como o oposto de todos os meninos maus pelos quais ela costumava se sentir atraída.

Havia, porém, um pequeno problema. "Ele é muito legal e eu realmente o amo, mas o sexo sempre foi um problema. É entediante e parece não existir nenhuma química entre nós", ela explicou. Ela se casou com ele apesar de estar ciente de sua incompatibilidade sexual, pois se sentia segura e cuidada. Agora, em um casamento sem sexo, ela se sentia numa situação delicada.

Eu lhe perguntei a razão pela qual havia seguido adiante com o casamento, se sabia que algo estava errado.

"Eu achei que estava tomando uma decisão racional", argumentou. "Há tantas coisas boas sobre ele e apenas uma ruim." Isso era interessante, e até convincente, mas, no final das contas, não ajudava, pois essa única coisa ruim se transformou em algo crucial.

Crucial! Britney não escutou sua intuição; ela simplesmente "fez a divisão" – cara legal, sexo ruim – e, embora estivesse em meu consultório parecendo infeliz, ela ainda tentava convencer a si (e a mim) que essa disfunção sexual não importava. Antes do casamento, ela tivera alguns momentos de dúvida, mas preferiu colocá-los de lado. É normal ficar nervosa quando se está prestes a entrar na igreja, no entanto, essas dúvidas às vezes evidenciam problemas mais graves.

Se a mulher está receosa por causa de uma questão tão séria quanto sexo, ela não deve colocá-la em segundo plano. É preciso discuti-la com uma amiga confiável ou procurar um terapeuta para um teste de realidade. São várias as implicações em prosseguir com um casamento em um estado de negação sobre algo tão importante: pesquisas demonstram que a taxa de divórcio é maior entre mulheres em dúvida que entre homens na mesma situação, o que sugere que as incertezas femininas têm mais substância.

Quando estava na faixa dos 20 anos, Britney, uma mulher alfa com um profundo lado beta (ela tem uma grande necessidade de se sentir cuidada), trabalhava na área de publicidade; ela adorava o ambiente do escritório e prosperava em sua vida profissional e social. Contudo, ela sempre acabava ao lado de homens que a tratavam mal. Depois de cada relacionamento doloroso ela se sentia abandonada e vulnerável – experiências que refletiam a mesma sensação de perda que ela sentira quando ainda era adolescente e sua mãe faleceu em um acidente de carro.

Agora, aos 35 anos, Britney entrou em pânico. "O que devo fazer?" perguntou. Quando eu disse que ela poderia ensinar James a fazer sexo, ela hesitou, dizendo: "Não, acho que isso não funcionaria".

Ao contrário de Valerie, que se sentia atraída por Michael, Britney não sentia atração por James. Na verdade, ela sentia pavor de fazer sexo com ele.

Foi nesse momento que percebi que aquela relação estava fadada ao fracasso. Se não existe química entre o casal, assumir o comando ou tentar novas técnicas parece estranho e artificial. Você precisa se sentir atraída pelo outro antes de desafiar a si mesma a lidar com os aspectos técnicos do sexo. E é muito difícil criar essa química quando ela já não existe desde o início.

“Mas de fato isso não é tão importante”, ela insistiu. “Afinal, o sexo não se torna mais secundário conforme as pessoas ficam mais velhas? Nós nos damos superbem e, inclusive, queremos ter filhos.”

“O sexo é muito importante em uma relação”, eu disse. “E se torna ainda mais fundamental quando as pessoas envelhecem. Uma pessoa erotizada se mantém jovem e ligada ao parceiro. Você é bastante erotizada, Britney, então o sexo sempre será importante para você. E é por isso que me procurou.”

Ela então convidou James para uma sessão conjunta. Ele estava bastante consciente de que, em relação ao sexo, ela se mostrava retraída e até desinteressada (já havia se passado seis meses desde que dormiram juntos pela última vez), mas ele não fazia ideia do que estava errado. Quando ela finalmente revelou seu segredo durante a sessão ele ficou estático, estarrecido e profundamente magoado. Quando algo dessa magnitude é divulgado durante um tratamento, é sempre muito doloroso, o que deixa todos os participantes – inclusive o terapeuta – exauridos e sem forças.

Para Britney, aquela revelação significou um grande alívio. E, embora penoso, foi a coisa certa a fazer, caso ambos quisessem mudar seu comportamento. Em uma sessão individual alguns dias depois, James confessou que ficou absolutamente devastado. Ele admitiu que já vinha tentando encontrar desculpas para a falta de sexo na relação, mas disse que amava Britney e demonstrou esperança de que ambos pudessem solucionar o problema. Ele estava pronto para fazer “qualquer coisa”, mas não aceitaria um casamento sem sexo.

Eu disse a James que ele merecia estar com alguém que se sentisse atraída por ele, e que, embora ele estivesse machucado naquele momento, eu não tinha dúvidas de que se ele e Britney não conseguissem resolver aquela situação, ele encontraria uma mulher que o amasse por suas várias qualidades.

Em geral, costumo instruir os casais a conversar sobre seus problemas e a recriar aquilo que os levou a ficar juntos. Se existe energia sexual, como no caso de Valerie e Michael, eu os encorajo a trocar fantasias sexuais. Acredito que se Britney e James tivessem optado por ter filhos imediatamente após o casamento, eles teriam permanecido juntos e, de modo consensual, colocado o sexo em segundo plano, concentrando-se nas crianças. Entretanto, o casamento teria se deteriorado ao longo do tempo, pois uma relação sem sexo em geral não se sustenta. Mesmo quando um casamento começa com uma química perfeita entre as partes, o sexo pode se tornar sem graça com o tempo e então o casal terá de se esforçar para manter a relação viva. Todavia, se você já começar sem essa química, bem, não há muito que possa ser feito, nem mesmo pelo melhor terapeuta do mundo.

A mensagem aqui é clara: ouça o seu instinto. Se Britney o tivesse feito, ela não teria ignorado algo tão importante quanto a disfunção sexual entre o casal. Ela, porém, preferiu silenciar suas dúvidas e jamais compartilhá-las até o dia em que pisou em meu consultório.

Então, ela entrou em pânico ao imaginar tanto a possibilidade de permanecer naquele casamento, como de abandoná-lo. "Se eu deixar James, o que acontecerá?", perguntou. Ela teve medo de voltar a namorar os mesmos tipos de alfa que sempre a trataram tão mal.

Para que ela parasse de fazer péssimas escolhas por meninos malvados, Britney precisava compreender a razão pela qual ela agia assim. Juntas nós trabalhamos para que ela ganhasse maior percepção sobre como aquelas experiências ecoavam a dor que ela sentira com a morte de sua mãe. Pouco a pouco, ela começou a entender que uma relação não precisa causar dor nem terminar em sofrimento, independentemente de essa dor ou esse sofrimento resultarem da sensação de abandono que ela sentia em decorrência de suas escolhas ou da privação do sexo no casamento.

"Você pode fazer escolhas melhores agora", eu disse a ela. "Isso não é fácil, mas você é capaz de fazê-lo. Meu palpite é que você encontrará alguém da sua idade, ou possivelmente um pouco mais velho, que se apaixonará por uma mulher tão bonita e independente como você. Alguém se sentirá arrebatado por você – pense nisso! Ou, se você não se casar novamente, ainda poderá ter a vida que desejar. Você pode planejar seu futuro, com ou sem um casamento."

Depois que discutimos suas escolhas, Britney iniciou o difícil processo de deixar de ver a vida pela ótica do preto ou branco, disso ou daquilo, mas como uma jornada repleta de possibilidades e bem mais interessante e variada do que ela sempre imaginara.

Como um beta, James encontrará menos dificuldades em sair do relacionamento. É provável que ele encontre alguém que seja modesta em suas necessidades sexuais, com quem ele não precise se preocupar com o relógio biológico que não para. Sendo uma mulher de mais de 30 anos que deseja ter filhos, Britney está mais vulnerável. No entanto, ela é forte e independente. Acredito que crescerá e encontrará o caminho certo.

Cara errado, sexo bom?

Será que sexo de ótima qualidade leva necessariamente a um ótimo relacionamento? Seria ótimo, mas não é assim. Quando Jenna foi apresentada a Jake durante uma festa do Super Bowl, ficou entusiasmada. Quando ela percebeu que já o conhecia desde o ensino médio, ela mal pôde acreditar que se tratasse da mesma pessoa. Um alfa havia emergido do casulo em que costumava se esconder aquele adolescente esquisito. E, em algum lugar do caminho, ele se tornou mais alto que a própria Jenna – ela era bem alta e esguia –, bem-sucedido nos negócios e extremamente atraente. Os dois conversaram durante toda a noite e a eletricidade entre ambos era óbvia. Depois da festa eles trocaram mensagens no celular e dois dias depois tiveram um encontro maravilhoso. Vieram então várias mensagens de texto, às quais ela respondeu prontamente e, em seguida, silêncio total durante toda a semana. "Eu achei que havíamos nos dado superbem", ela disse, desapontada e confusa.

Jenna era o tipo de pessoa que poderia encarnar uma personagem em uma série de TV: uma mulher sexy, bem-sucedida que vivia uma vida encantadora em Nova York. Recém-chegada à faixa dos 30 anos, ela estava conseguindo ser notada em seu novo empreendimento e, até pouco tempo atrás, apreciava uma vida de sexo casual e descompromissado. Entretanto, Jenna estava em um momento de virada: ela já não se satisfazia nem com essas relações casuais nem com o tipo de sujeito com quem saía. Ela até apreciava fazer sexo casual, mas aquilo já não supria suas necessidades, então ela começou a perceber que queria um parceiro de verdade, não apenas diversão.

Depois de várias semanas, quando já havia desistido de Jake, ela recebeu uma mensagem do rapaz. Ele convidou Jenna para ir até seu apartamento e ela imediatamente pegou um táxi e foi. Os dois pediram o jantar e se atiraram na cama. Esse foi o início de uma série de encontros ao longo das semanas seguintes. Ela tinha certeza de que a química entre os dois ia além do sexo; eles tinham vários interesses em comum e o diálogo entre os dois era fácil e divertido. Então, quando ele começou a dizer coisas do tipo: "Tenho certeza de que nossos filhos serão gênios em Matemática" e "Deveríamos alugar uma casa juntos neste verão", ela ficou ainda mais apaixonada. Depois disso, entretanto, ele desapareceu por três semanas. Quando isso aconteceu, Jenna poderia ter percebido que ambos desejavam coisas diferentes para o futuro e, assim, prosseguido com sua vida e evitado muita dor de cabeça.

Contudo, quando Jake finalmente lhe enviou uma mensagem, ela o chamou e exigiu saber o que estava acontecendo. Para seu alívio, ele marcou um encontro ("Vamos nos encontrar na segunda-feira", disse ele, o que ocorreria em três dias.), mas acabou cancelando de última hora por causa de "pressões no trabalho." Isso já era demais!

Ele ainda cancelaria outros dois encontros com desculpas esfarrapadas do tipo "meu cachorro comeu minha lição de casa" (que Jenna, em seu estado confuso, acabaria aceitando). O fato é que ela gostava tanto dele que não conseguia entender a mensagem real que Jake estava lhe passando. Como muitas mulheres alfa, era mais fácil e mais rápido para Jenna ficar irritada que se sentir magoada e rejeitada. Entretanto, durante a sessão de terapia ela estava atipicamente triste. "Eu sinto que há algo mais nesse relacionamento", ela insistiu.

"Não há desculpas para três cancelamentos em sequência", eu lhe disse de maneira direta. "Vamos tentar entender o que está acontecendo." Então sugeri que aquele padrão de mensagens de texto poderia ser uma forma tecnológica daquele ex-nerd se vingar; o comportamento de um ex-adolescente tímido que, por causa de ressentimento, tentava ludibriar as garotas populares que o haviam rejeitado no colegial.

Jenna foi enfática em refutar minha opinião. Ela estava tão apaixonada por ele, e tão determinada a fazer o relacionamento dar certo, que ignorou todos os sinais óbvios de que o rapaz não queria nada sério. Ela não conseguia aceitar que estivesse sendo castigada por ele. De certo modo, ela simplesmente não conseguia se imaginar fracassando. "Ele é bobo, só isso", ela disse em defesa do sujeito durante uma sessão.

Não tão bobo quanto cruel, eu diria. Percebi quanto ela estava magoada e afirmei que ela precisava se apropriar de sua vulnerabilidade. Ao continuar deixando que ele a enrolasse, ela estava evitando encarar o que lhe parecia intolerável: o fato de ela ser uma pessoa indefesa. É extremamente difícil para alguém de alfa elevado admitir perda de controle, impotência e desamparo. "Ele não quer me magoar", disse de modo assertivo. Querendo ou não, era isso o que ele estava fazendo. Oferecendo-lhe uma pista falso-positiva atrás da outra, em uma espécie de tortura.

"Acho que você gosta dele demais e, por isso, o está protegendo sem razão", eu disse. "E pelo fato de detestar a ideia de perder o controle das situações, você fica lutando para fazer com que o relacionamento dê certo. Você não gosta de receber não como resposta."

Nesse caso, as fortes qualidades de uma mulher alfa – solidez, determinação e excesso de confiança – trabalharam contra ela. Na maneira pessoal de Jenna dividir as coisas, ela passou a negar as próprias necessidades emocionais. Isso fez com que ela não conseguisse perceber que, embora os dois tivessem muito em comum, muitas outras coisas importantes estavam faltando: estabilidade, honestidade, confiança e afeto verdadeiro.

Capítulo 4

Homens solteiros, namorados e homens casados

A decisão mais importante que você tomará em sua vida será a de escolher o parceiro ideal. Você pode se casar com alguém que vai transformar sua vida num inferno ou se unir a uma pessoa com quem formará uma ótima parceria. A escolha é sua.

Há o lado bom e o lado ruim de buscar um relacionamento nos dias de hoje. Pelo aspecto positivo, estamos entrando em uma era marcada por um novo ideal de masculinidade, baseada na habilidade do homem de ser um ótimo marido/parceiro e pai, e não mais fundamentada no conceito de domínio e de ideias como "o meu é maior que o seu". Os homens beta aceitaram com tranquilidade a ascensão de mulheres fortes e bem-sucedidas ao definirem a si mesmos de maneira diferente de como tradicionalmente faziam no passado. Em uma curva de desenvolvimento psicológico, o homem com sólidas qualidades beta já ultrapassou o padrão regular; ele já está se adaptando a essa realidade diferente.

Do lado negativo, eu diria que ainda existe muita confusão a respeito do papel de cada gênero. O que ofereço aqui são ferramentas para ajudá-las a (1) compreender como os homens estão lidando com essa transição; (2) como ler os diferentes comportamentos e (3) como avaliar a habilidade de um homem de se tornar parceiro de uma mulher forte.

Verdades emocionais

Sempre trabalhei ao lado de homens e mulheres, e adoro o fato de os homens serem tão bem-vindos em minha prática quanto as mulheres. Eu amo e respeito os homens, o que é muito importante em minha área de atuação. Com casais, como você já deve suspeitar, a terapia é geralmente iniciada pela mulher. Contudo, meu maior desafio é engajar os homens mais relutantes no processo. Há alguns anos, quando estava redecorando meu consultório, pedi a opinião de meu marido sobre a cor que eu planejava usar nas paredes. "Rosa demais! Feminino demais!", ele exclamava. "Os clientes homens não vão gostar." (Na verdade a cor era pêssego, não rosa.) Percebi que de fato eu estava procurando criar um ambiente que fosse sutilmente feminino, no qual os homens pudessem se sentir menos machões e mais emocionais. Naquele consultório na cor pêssego, eles confiam em mim como uma irmã, uma mãe ou uma esposa (e, sim, no final das contas eles falam sobre os próprios sentimentos!).

Assim como a maioria das mulheres está desenvolvendo qualidades alfa, a maioria dos homens também está desenvolvendo tendências beta. E, conforme ambos se distanciam dos papéis tradicionais associados a cada gênero, localizados nos extremos da escala, estamos todos em plena transformação. Depois de vários meses em terapia, um alfa em seus 40 anos se abriu a respeito da dor que sentira em sua tenra infância, por causa do alcoolismo e dos abusos de seu pai. Como atleta bem-sucedido na época da faculdade e advogado de uma firma de prestígio, meu cliente sempre descreveu sua infância como um idílio na região suburbana de Connecticut, nos Estados Unidos. Em determinado ponto, percebi que ele se sentia profundamente solitário em seu casamento; contava com pouquíssimo companheirismo e apoio da esposa. Pensei em voz alta se aquela solidão não ecoava o modo como ele se sentira na infância. Nutrido e reafirmado por seu sucesso no mundo exterior, ele inconscientemente recriava as privações de sua infância ao se manter em um casamento infeliz. Todavia, conforme explorava o desapontamento e a solidão, ele percebeu que queria mais, e estava ansioso para trabalhar a fim de quebrar os velhos padrões.

Outro cliente que se sentia orgulhoso em projetar uma imagem de poder e controle admitiu para mim suas preocupações com a própria saúde. Ele sentia palpitações, mas nunca havia mencionado isso, tampouco seu senso de vulnerabilidade, para ninguém. Embora estivesse com 50 e poucos anos, a ideia de mortalidade havia se apossado da mente daquele exuberante alfa.

Não é incomum homens chorarem em meu consultório. Um paciente que se sentia arrasado pela morte iminente do pai, que sofria de câncer, chorou copiosamente na minha frente. "Não posso deixá-lo partir", disse ele. Além de se sentir culpado por não ter amado suficientemente o pai, também sentia-se impotente por não ser capaz de extinguir a dor que o pai sentia em decorrência da doença. Outro cliente admitiu que, em relação aos filhos, se sentia como "uma máquina de fazer dinheiro" – eles somente o valorizavam por sua riqueza.

Enquanto as mulheres, em geral, compartilham seus problemas com as amigas, os homens preferem preservar sua imagem estoica, afinal, espera-se que eles sejam fortes. Contudo, isso é irrealista. É por essa razão que, quando um homem compartilha comigo suas preocupações e inseguranças, sinto que estou testemunhando algo muito pessoal e significativo. É uma enorme responsabilidade refletir esses sentimentos e tornar nossa relação segura. O encanto se quebra, às vezes, quando, desconfortável com a intensidade das próprias emoções, ele tenta me assegurar que o problema que está narrando não é assim tão sério, mas eu sei que avançamos um pouco mais no sentido de nos tornar mais próximos, e minha esperança é de que ele consiga fazer o mesmo em suas relações mais íntimas.

Durante o recente período de recessão, testemunhei muitos casais vivenciando crises conjugais que se agravaram por causa da perda de receita por parte do marido, o grande provedor da família. Ao perder esse posto de representação social, esses homens sentiram-se humilhados e destruídos. Muitos não conseguiam dizer à esposa que teriam de cortar gastos: cada homem sentia como se estivesse desapontando a companheira. Tive de encorajar homens a serem honestos com suas mulheres, mas isso era mais fácil de dizer do que fazer: eles hesitavam por causa da vergonha que surgia pela perda de prestígio.

Essas sessões foram extremamente dolorosas porque os casais tinham de lidar com uma nova realidade econômica, e também com o efeito propagador que isso teve em suas relações. Contudo, não há como evitar essa nova realidade. À medida que a cultura muda, os homens se sentem pressionados, espremidos. Quem é você se o brilho de sua esposa é mais forte que o seu? Quem é você se já deixou de ser o provedor da família? Quem é você sem o seu emprego? Como você se redefine? Como você reconstrói e sustenta uma identidade quando novas ondas culturais erodem o chão debaixo dos seus pés? Muitos homens estão se valendo de qualidades beta para conseguir enfrentar essa situação. Elas permitem a eles pedir apoio, encarar desafios por meio da parceria e criar uma identidade que não dependa da velha máxima "Trabalho, logo, existo".

Tento fazer do meu consultório um espaço seguro para homens e mulheres compartilharem seus sentimentos de vulnerabilidade, desamparo e impotência, além de seu desapontamento e sua infelicidade. É minha responsabilidade permitir que as pessoas exponham suas fraquezas e seus sofrimentos. Em um processo terapêutico útil, o desenvolvimento da confiança permite que as pessoas não se sintam roubadas de sua dignidade quando compartilham seus pensamentos mais íntimos.

Os homens se sentem ameaçados pelas mulheres fortes?

Sim, de fato alguns se sentem. Outros se percebem enfeitiçados por elas. Como disse certa vez um homem casado com uma alfa: "Você precisa ter um ego muito forte para estar ao lado de uma alfa". O homem precisa da força do ego para ser a orquestra de uma maestrina. Para compreender como ele desenvolve seu ego, é preciso observar o início da história pessoal dos homens em nossa cultura. Essas experiências influenciam o modo como os homens veem as mulheres e como eles desenvolvem uma relação com elas.

Conforme um garoto emerge da infância e adentra a puberdade, ele começa a se autoidentificar como homem. Muitas experiências se combinam para criar sua identidade: seu relacionamento com o pai; o grau de proximidade e respeito entre os pais; seus outros modelos de vida (avós, bisavós, tios, tias); a cultura familiar (amigável com as mulheres? Avessa às mulheres – misoginia?); e, por último, mas não menos importante, sua relação com a própria mãe (nos casamentos tradicionais, o progenitor primário). Se ela era uma pessoa controladora, dominadora (aspecto negativo), uma mãe alfa, sua luta pela autonomia será mais difícil. Seus sentimentos em relação a ela serão ambivalentes e ele gastará mais energia psíquica definindo a si mesmo em oposição a ela. Mais tarde em sua vida, ele se revelará ultrassensível a mulheres controladoras e, possivelmente, terá aversão a mulheres (indivíduo misógino). Esse tipo de homem precisa do seu espaço e se irrita com mulheres que tentam lhe dizer o que fazer.

Embora seja incontestável dizer que a insegurança masculina esteja enraizada no medo que sentem de mulheres fortes, o homem com ego perfeitamente saudável também pode demonstrar uma reação automática a mulheres assertivas. Se você é uma alfa, seu tom de voz e sua escolha de palavras podem soar impositivos e condescendentes, afinal, você está acostumada a estar no comando. Então, será que você deveria controlar seu tom de voz para apaziguar o ego masculino? Talvez.

De fato, suavizar seus modos implica afastar seu próprio alfa, o que eu jamais iria sugerir. Entretanto, tente apenas se tornar um pouco mais consciente de suas ações e escolher um tom diferente em seu estilo de comunicação. Se faz parte de sua natureza ser forte e assertiva, só depende de você modificar um padrão de interação que não está funcionando muito bem. Ao fazê-lo, você não estará se transformando em outra pessoa. Todavia, se já reparou que algum homem se irrita quando você se dirige a ele, ou se já o viu caminhando por aí arrastando os pés no chão, está na hora de você aprender a ouvir o tom que está usando e as palavras que está escolhendo, e de tentar não ser tão dogmática ou crítica. Seu radar precisa estar sintonizado com as reações dele: não gostamos quando os homens são controladores, e eles, por sua vez, tornam-se defensivos quando as mulheres agem da mesma maneira.

Conforme os papéis se transformam e o pai assume uma postura mais ativa na criação dos filhos, aquele mundo do homem totalmente centrado na própria mãe se abre para incluir uma figura masculina forte e amável. O mundo da criança torna-se mais equilibrado e menos assustador. E eu acredito que esse tipo de experiência dará origem a homens que demonstrem menos probabilidade de temer mulheres fortes. E será que já não está mesmo na hora de isso acontecer?

Do meu jeito ou de jeito nenhum?

"Eu sou a provedora da família, portanto, tenho o direito de exigir que tudo seja feito como eu quero." Essa é a rara mulher alfa que, de maneira grosseira, associa renda a poder, mas isso realmente acontece. Em geral, as alfa asseguram sua força de outras maneiras, que, aliás, também se mostram alienantes. Por exemplo, ela pode optar por dominar a vida do casal dando ordens ao marido na frente de outras pessoas, o que se revela ao mesmo tempo indelicado e embaraçoso para todos. Uma cliente alfa foi rápida em estabelecer um conflito quando seu parceiro, um beta muito simpático, preferiu ficar em casa terminando um projeto a encontrá-la depois do trabalho. Cuidado com comportamentos alfa do tipo "do meu jeito ou de jeito nenhum".

Adote algumas ótimas técnicas beta: faça perguntas em vez de baixar decretos. Uma alfa e seu beta estavam discutindo algo que o havia irritado no trabalho. O chefe dele o criticara por sua abordagem a um cliente, e o beta discordou de modo veemente. Usando um tom de superioridade, a esposa o reprovou dizendo que ele sempre agia na defensiva quando era criticado.

Mesmo que você tenha o dom de resolver problemas, guarde os conselhos para si mesma; isso pode ser mortal. Em vez de dizer a ele o que ele faz de errado, ouça com cuidado. Seja solidária. Nesse caso, você poderia perguntar: Você acha que existe algo de correto na crítica que recebeu? Qualquer coisa que possa ser útil para você? Você pode até acrescentar que sabe como é difícil receber críticas; a maioria das pessoas – inclusive você mesma! – considera isso muito complicado.

A interação deve ser positiva: ele está lhe confidenciando algo importante, o que demonstra confiança e intimidade. Coloque-se no lugar dele, e reconheça que não é fácil para ele se abrir sem se sentir vulnerável. Ao se mostrar solidária, você cria um ambiente no qual sentimentos desconfortáveis podem ser compartilhados. Essa é a pedra fundamental de um relacionamento mais íntimo.

Se um homem se mostra particularmente sensível em receber ordens e instruções, é preciso compreender a razão disso. É aí que entra o seu "ego observador": sua capacidade de dar um passo atrás e observar a si mesma. Quando um marido reclamou que, no relacionamento, a esposa ocupava o banco do motorista, ela se sentiu bastante confusa, uma vez que nunca se percebera como uma pessoa prepotente. Peça a ele exemplos específicos e realize um "teste de realidade" conversando com amigos que a conhecem bem. Talvez você seja bem mais mandona do que acha, ou talvez ele seja uma pessoa ultrassensível.

Honestamente, a maioria dos homens é um pouquinho oposicionista; em geral isso não representa um problema sério, desde que ambos tenham algum senso de humor e não se envolvam em grandes conflitos pelo poder.

Beta ou ômega?

Em um grupo de mulheres que entrevistei, todas afirmaram que qualquer homem que fizesse aulas de ioga seria imediatamente eliminado de sua lista de candidatos a relacionamento. Elas ficariam desconfiadas de que o sujeito estivesse sendo falso ao se apresentar como um indivíduo sensível e espiritual.

"Não aqueles que participam da minha aula de ioga", respondi. "Na verdade, eles são incríveis." O fato é que as mulheres têm muita dificuldade em distinguir entre um beta altamente desejado e um ômega fracassado. E o ato de praticar ioga não é a melhor maneira de fazê-lo!

O homem ômega sempre existiu, não surgiu a partir da crise econômica. Ele é um perfeito narcisista que se sente no direito de viver à custa de qualquer um que lhe ofereça apoio, sem contribuir com praticamente nada – se é que contribui com alguma coisa – para a vida doméstica. É possível que ele passe o dia todo jogando, bebendo uma enorme quantidade de cerveja, navegando na internet e reverenciando sua adolescência. Ele não tem um emprego com o qual possa se identificar e encara com desprezo indivíduos que levam o trabalho a sério. Jamais confunda o querido beta com o parasita ômega. Eles são totalmente diferentes.

ÔMEGA – Sonhador. Ele ainda se vê numa banda que vai fazer grande sucesso; é um talentoso escritor que, um dia, assim que superar seu bloqueio, escreverá o melhor romance de todos os tempos – no Twitter; ele tem um dom, mas é subestimado pelo mundo; passa o dia se relacionando com colegas da faculdade que, em geral, se encontram no mesmo barco que ele.
BETA – Um sonhador; realizado. Ele tem ética no trabalho e um forte senso de individualidade; ele se recusa a dar desculpas por não tentar; é capaz de aceitar e aprender com as críticas; é realista o suficiente para seguir em frente quando não obtém o sucesso esperado.
ÔMEGA – Alérgico a trabalho. Ele se define como um opositor ao mundo do trabalho, o qual ele retrata como excessivamente cruel para sua sensibilidade; jamais comprometerá seus padrões em sua busca para encontrar a si mesmo; nunca colabora com nada; ele deixa que a pilha de pratos cresça e que flocos de pó se espalhem por todo o local; na cama, vira-se para o outro lado roncando quando você sai para o trabalho.

BETA – Considera o mundo do trabalho duro, mas, de maneira corajosa, enfrenta as adversidades. Talvez ele não seja extremamente ambicioso, mas demonstra um forte senso de ética profissional; quando desempregado, ocupa-se com as tarefas domésticas; se do tipo criativo, cria uma estrutura para si mesmo; tem um ego forte o suficiente para manter um senso de individualidade no mundo real.
ÔMEGA – Ele é frágil ou presunçoso demais para se adequar às exigências externas do mundo; orgulha-se de sua alma artística e de seus "padrões" elevados.
BETA – É uma pessoa que gosta de refletir sobre as decisões; é forte, resistente e confiável. Ele sabe o que precisa ser feito – e o faz! Quando cai ou é derrubado, levanta-se e segue em frente.
ÔMEGA – Identifica a si mesmo como vítima. É desafiador e não aceita ordens de ninguém; pode ter problemas com abuso de substâncias proibidas.
BETA – Compreende que seus chefes lhe dirão o que fazer. Ele sabe que isso pode ser opressivo e difícil, mas reconhece que como um funcionário de nível médio terá de se reportar a alguém de nível hierárquico mais elevado.

Facilitando para o "homem de lugar nenhum"

Falando em ômegas, descobri que muitas mulheres fortes acabam se tornando presas fáceis de homens bastante carentes, o que cria um relacionamento complexo e mutuamente dependente. Meu lema (que também deveria ser o delas!) é: ter tudo não significa fazer tudo. O ato de facilitar para o outro é uma atitude extremamente protetora. Você é muito competente; capaz de cuidar de várias coisas e apoiar muitas pessoas. Contudo, toda essa competência pode facilmente se voltar contra você. Nesse caso, antes mesmo que perceba, você se tornará uma facilitadora.

Ao ouvir pela primeira vez a palavra facilitação, talvez você visualize uma mártir que já vem sofrendo há muito tempo, ou talvez até um capacho que, de maneira passiva, sacrifica a própria vida e sanidade em função de um parceiro viciado em bebidas e drogas (e que, sem se dar conta, sustenta esse comportamento autodestrutivo). Saiba, porém, que essa postura de facilitação nem sempre envolve o uso de substâncias proibidas. Também ocorre quando você espera do seu parceiro menos do que ele é capaz de lhe oferecer. Se você está em uma relação em que parece que você está carregando toda carga em suas costas – trabalho e tarefas domésticas –, você está aceitando menos do que deseja e merece, e ao extremo. Tentar facilitar as coisas para o seu parceiro vai sugar a sua vida.

Um casal que conheci é um caso clássico dessa situação. O marido, um artista da música, estava casado com uma professora universitária titular que trabalhava o dia todo. Ela era muito respeitada em sua área e uma palestrante bastante requisitada. A dupla quase não se via, pois ele trabalhava durante a noite em seu estúdio enquanto ela dormia. Ambos viviam em uma "bolha simbiótica," dentro da qual ela mantinha o equilíbrio financeiro, emocional e físico. Quando uma amiga finalmente pediu a ela que lhe mostrasse o trabalho do marido – talvez ele fosse um gênio, afinal –, ele disse "não", pois não estava preparado para compartilhá-lo com ninguém. Ele ainda estava desenvolvendo o próprio estilo.

O que exatamente aquela mulher estava obtendo com aquela relação? Acho que ela acreditava no talento dele, mas usou isso como uma maneira de racionalizar o comportamento do marido. De modo velado, o terror dela em ser abandonada a estimulava a exigir pouquíssimo dele. Que melhor maneira de evitar o abandono que facilitando a vida de um parceiro dependente que não possui recursos para sobreviver? Para apaziguar seus medos, ela precisava que ele fosse totalmente dependente e não funcional. Aquele relacionamento era um casulo de dependência mútua.

Ambos os parceiros ostentavam níveis baixos de alfa e beta. O talento e a competência da mulher elevavam suficientemente seu nível alfa para que ela fosse bem-sucedida no mundo exterior, porém ela se revelava emocionalmente debilitada por seus medos. Para ambos os parceiros esse arranjo nada saudável servia como uma espécie de amortecedor para desafios pessoais e profissionais.

Mulheres alfa e beta podem cair nessa armadilha. Se você cresce como pai dos seus pais, você se torna parte de um fenômeno denominado parentificação. Nesse papel, você assume responsabilidades que estão acima de sua idade de desenvolvimento, uma vez que seus pais não foram capazes de dar conta delas, e pelas mais variadas razões. Veja um bom exemplo. Enquanto criança, uma mulher alfa cuidou dos pais doentes e manteve a família unida ao longo de inúmeras crises. Todos confiavam em sua habilidade para ser o esteio da família. Como adulta, ela aplicou essas habilidades de administração, adquiridas a duras penas, em sua carreira e se tornou uma executiva *top* do setor de publicidade, embora carregasse um fardo pesado em sua vida pessoal.

Muitas alfa facilitadoras saem do trabalho, param no supermercado para fazer compras, chegam em casa e ainda vão preparar o jantar. Essa "neutralização do desvio de gênero", como chamam os sociólogos, reflete um conflito no papel desse tipo de mulher: sem perceber, ela está compensando por sua atitude de assumir o papel de provedora, além de uma postura muito masculina. Na realidade, não há sequer o reconhecimento por parte da família de que todos dependem dela para trazer comida para casa e também para prepará-la e servi-la. Nenhum tipo de gratidão! Um dia, ela se cansará de ser e fazer tudo.

Pelo fato de as beta demonstrarem tendência a suprimir a própria raiva, mascarando-a como depressão, uma facilitadora beta pode não perceber que está furiosa com a situação. Como advogada, Jillian levava seu trabalho a sério e recebia um ótimo salário, mas quando se consultou comigo ela já não demonstrava alegria ou prazer por nada. Sua história de vida era bem complicada: a família era muito pobre, e sua mãe, psicótica, o que transformou Jillian praticamente em uma órfã. Ela jamais era reconhecida ou apreciada por alguém. Independentemente da situação, ela conseguiu cursar a faculdade de Direito e se casar com Bill, que, na época, era um historiador que adorava colecionar antiguidades. Ele era divertido e encantador. Jillian achava que, a despeito dos problemas, ela havia se saído muito bem e que sua vida era muito boa. Ela era tímida e evitava ficar em evidência. Bill era o seu ingresso para a sociabilidade; ela, o passaporte dele para uma vida real e com recursos suficientes.

Quando Bill parou de lecionar para se dedicar exclusivamente ao comércio de antiguidades, Jillian teve de trabalhar mais horas para compensar a perda do salário do marido. Ambos dividiam as tarefas domésticas de maneira justa. Os dois sempre falavam sobre a ideia de se mudar para o norte de Nova York e abrir um pequeno hotel de meia-pensão, que Bill poderia decorar com os itens antigos e de ótima qualidade que ele havia colecionado. Jillian administraria o negócio e ele ficaria responsável por atender e divertir os hóspedes com sua inigualável cordialidade.

Quando, porém, as viagens de Bill para adquirir itens de coleção se transformaram em aventuras extravagantes nas quais ele acabava gastando mais dinheiro do que conseguia arrecadar nas vendas, as coisas saíram dos eixos. Independentemente de quanto Jillian trabalhasse, eles não conseguiam poupar dinheiro e ela se sentiu presa a um ciclo de trabalho sem recompensa. Ela se via como um animal de carga, e, periodicamente, perdia a paciência com o marido. Então os dois minimizavam a situação e voltavam à rotina. Eu disse a ela que aqueles surtos ocasionais diminuíam um pouco a pressão, mas não alteravam a situação.

Como acontece com muitas betas, ou com indivíduos com fortes tendências beta, Jillian se sentia desconfortável com o sentimento de raiva, e o estado de depressão se tornou uma estratégia para lidar com sua vida. (Lembre-se: depressão é raiva voltada para dentro de si mesmo.) É mais seguro partir para a autocrítica e a autoacusação que simplesmente colocar essa raiva para fora. Essa é a pedra fundamental da depressão.

Um dia fizemos um progresso enorme. Profundamente embaraçada, ela me disse que, enquanto ia de metrô para o trabalho, com frequência ela fantasiava sobre ser uma celebridade; todos os olhos estavam voltados para ela em admiração e respeito. Juntas, nós tentamos compreender o significado daquilo. "Como essa fantasia faz você se sentir?", perguntei.

"Visível", respondeu imediatamente. "Enquanto em minha vida real eu geralmente me sinto invisível."

Eu a encorajei: "Você quer se sentir considerada; ter a própria opinião e ser ouvida. Você merece ser vista".

Na cultura norte-americana, ser uma celebridade é a maior realização do ser humano: você está sob os holofotes e é admirada e adorada; é considerada linda e perfeita; é invejada e até mesmo cultuada. Fiquei muito tocada pela fantasia de Jillian, que demonstrava ao mesmo tempo humildade e anseio por algo de que ela precisava desesperadamente.

"E como você acha que poderia ser uma estrela na própria vida?", perguntei.

"Não posso. Sou a abelha operária em meu casamento. Sinto-me como uma pessoa que trabalha duro o tempo todo e não é reconhecida", explicou.

Concordamos que qualquer bom parceiro precisa oferecer mais à relação que simplesmente encanto e sedução – como é o caso de Bill. Não foi fácil, mas Jillian encarou o desafio. Ela colocou seu beta de lado e partiu para uma discussão aberta com o marido. Ao lidar diretamente com sua raiva, ela liberou o alfa que havia dentro dela. Quando conseguiu externar seus sentimentos e articulá-los, sua depressão começou a desaparecer. O casal passou a trabalhar de maneira séria para economizar dinheiro e planejar um futuro real, não fantasioso. E, para minha pergunta de como poderia ser uma estrela na própria vida, aquela atitude provou ser a resposta.

"Será que ele é gay?"

Ouço essa pergunta pelo menos uma vez por semana, conforme alguma cliente reflete sobre o homem com o qual começou a se relacionar. Afinal, se ele não for um alfa tradicional nem arrancar as roupas dela e atirá-la na cama no primeiro encontro, ele deve ser gay, certo? Errado. Isso não quer dizer nada. É um pouco sorrateiro espreitar a mente das mulheres, mas acredito que elas se preocupem porque, no que diz respeito aos gêneros sexuais, nos encontramos em um estágio de transição. Estamos nos afastando cada vez mais dos papéis tradicionais. Isso faz com que as mulheres se sintam naturalmente confusas e ansiosas, assim, elas se inquietam para saber quem é homem de verdade e quem não é.

Talvez esse novo tipo de homem apenas não seja muito contundente nessa área ou, quem sabe, seja do tipo organizado (que recolhe a toalha e as meias do chão). Talvez ele seja uma pessoa voltada para relacionamentos mais sérios. Entretanto, algo sobre isso as perturba.

Seria ele um homossexual que planeja se casar com uma mulher para "manter as aparências"? Ou será que seus conflitos sexuais estão camuflados até para ele mesmo?

Certa vez, toda a equipe de uma revista feminina se reuniu para fofocar sobre o novo gerente de criação, um homem muito atraente. Funcionários do sexo masculino são raros nessa área, então os boatos começaram. Será que ele era gay? Será que não era? Todas observavam cuidadosamente seu jeito de caminhar e falar, as roupas que ele vestia e até o modo como a camisa caía nos quadris e, no final, elas concluíram que, sim, ele definitivamente era gay. Mais tarde, elas descobririam que estavam equivocadas.

Quando as mulheres ligam seu "gaydar" (radar de gays), com frequência é pelo medo de serem enganadas e se arriscarem a cometer algum erro sobre um parceiro em potencial. Elas percebem uma ameaça ao seu julgamento, à sua sexualidade e também à própria atração. No passado, homens e mulheres homossexuais tentavam se proteger mantendo casamentos heterossexuais. Para muitos gays, esses tempos ruins ficaram no passado. Contudo, muitos homens em comunidades mais conservadoras ainda tentam esconder sua orientação sexual e, por causa disso, namoram mulheres, mesmo que essa prática seja dolorosa para eles.

Dito isso, na vasta maioria dos casos, se um homem se mostra interessado em você, fique tranquila: ele não é gay! Tenha em mente que os homossexuais estão conscientes de sua orientação desde antes da puberdade, portanto, homens adultos conhecem perfeitamente a própria condição. Entretanto, pergunta-se: poderia alguém ser considerado um "homem de verdade" mesmo sem se mostrar um supermacho? Será que ele pode ser genuinamente heterossexual mesmo demonstrando sensibilidade e – pasmem! – vestindo-se bem?

Claro que sim. As mulheres, porém, ainda se preocupam com homens que não parecem suficientemente atirados em termos sexuais. Então, quando uma delas levanta essa questão, em geral eu pergunto: "O que a faz pensar assim?" Vale ressaltar que, nos últimos cinco anos, nunca ouvi uma boa resposta. Então eu digo: "Se ele é gay, que razão ele teria para se interessar por você?"

Betas e alfas se preocupam com isso, mas as alfa ainda mais, em especial no que diz respeito a sexo. Elas estão mais sintonizadas com qualidades dominantes. Afinal, se ele não é sexualmente vigoroso, então o que ele é? E se ele não conseguir satisfazê-la no sexo? Como já mencionado, muitas mulheres alfa são atraídas por homens alfa que compartilham as qualidades delas em termos de competitividade e domínio. Se acharem que o homem pode não ser suficientemente agressivo na cama, elas até se sentem desestimuladas; elas querem ser profundamente desejadas, de uma maneira primitiva; elas precisam ser sobrepujadas, dominadas, atiradas na cama e/ou possuídas em cima do balcão da cozinha.

Nenhum desses desejos é incomum ou errado, mas quando você estiver pronta para encontrar um parceiro, não se limite aos protótipos mais óbvios. Afaste-se dos "pobres" ômegas – tão castigados pelo mundo –, pois, nesse caso, uma armadilha nada saudável estará à sua espreita. Aprecie o alfa, mas considere a possibilidade de ele não ser o parceiro ideal para você. Para alguém que trabalhará ao seu lado a fim de construir uma vida em comum e ainda encorajá-la em sua trajetória pessoal, seja na área acadêmica, seja em seu próprio negócio, seja ainda no mercado financeiro, o homem beta é sua melhor escolha.

Comportamento de solteiro explicado

Já vi vários tipos de comportamentos masculinos e cada um deles é específico. Apenas por conveniência, separei três categorias gerais. Se você estiver em busca de uma relação séria, aprimore seus instintos e aprenda a ler esses comportamentos. Quanto mais você aprender a ler, melhores serão suas escolhas e menos tempo e energia emocional serão desperdiçados.

O jogador

Se você é alfa, sente-se atraída por outro alfa porque ele lhe parece um grande desafio; se você é beta, gosta dos alfa porque eles são divertidos e excitantes. Os jogadores não são um tipo novo. Nos dias de hoje, porém, em decorrência da comunicação digital, eles estão conseguindo manter relacionamentos mais descompromissados. Sua especialidade é o típico telefonema tarde da noite só para transar, estilo *booty call,* são a sua especialidade. Eles amam aplicativos como o Tinder, que localiza nas imediações pessoas que estejam disponíveis para sexo casual – rápido e eficiente.

Nos anos 1980, fui coautora de um livro chamado *Cold feet: why men don't commit* (Com medo: por que os homens não se comprometem, em tradução livre). Na época, os homens sentiam dificuldade em se ajustar às mulheres independentes geradas pelo feminismo da década de 1970. A tendência que testemunhei em minha prática foi a seguinte: os homens ansiavam e, ao mesmo tempo, temiam a intimidade. As mulheres, por sua vez, não sabiam como ler esses sinais ambíguos. No início, foi muito difícil distinguir os jogadores daqueles que de fato desejavam um relacionamento sério. Agora a tecnologia dificulta ainda mais a situação, pois os meios de comunicação são cada vez mais rápidos e elusivos.

Cada vez mais homens estão preferindo permanecer solteiros, e por mais tempo. Eles podem ser encontrados em todos os lugares, com a cabeça erguida e o smartphone grudado na orelha. Eles são orgulhosos, sexies e charmosos, e estão tendo a vida que pediram a Deus, em uma cultura na qual o sexo é livre e as mulheres são divertidas. Em um grupo de discussão com homens solteiros nas faixas de 20 e 30 anos – selecionados como jogadores –, perguntei se algum deles estava em um relacionamento sério e/ou planejava se casar no futuro próximo. Eles responderam que "absolutamente não." E, nas palavras de um deles, "estou me divertindo demais".

***Dica:** Os jogadores aparecem em todas as formas e tamanhos. Como distingui-los? Perceba o padrão de relacionamentos do indivíduo, ou melhor, a falta de relacionamentos: ele está curtindo o mundo do "sexo sem consequências", com um número infinito de parceiras disponíveis que, aliás, são cada vez mais jovens, à medida que ele fica mais velho. Seria ele um parceiro em potencial? Claro que não. O típico jogador alfa é divertido por curto período de tempo, mas não se mostrará confiável no longo prazo. Lembre-se: não é o que ele diz, mas o que faz. Curta o sujeito, mas não tente mudar sua maneira de ser!*

O livre, leve e solto

No passado, homens de 40 anos que nunca haviam se casado eram vistos com suspeita, mas isso mudou. Paul, que está com 40 e poucos anos, não é nem excêntrico nem gay. A mãe dele confessou que se preocupa pelo fato de Paul ser solitário, mas posso assegurar que ele não é. Ele não conta nada para ela sobre sua vida pessoal. Tio coruja para os sobrinhos, Paul trabalha em casa como consultor. Ele tem tempo suficiente para cozinhar e cuidar de suas plantas no terraço. Todos os dias ele leva seu cachorro para se divertir em um dos vários parques para cães da cidade de Nova York, onde socializa com as outras pessoas do local. Vale ressaltar que esses parques para cachorros são ótimos lugares para encontrar pessoas. Paul, que parece ser um bom partido, também encontra mulheres pela internet. Elas gostam dele. Amigos casados sempre tentam lhe arrumar encontros com mulheres solteiras fabulosas, mas Paul resiste. A ideia de se sentir obrigado a encontrar a pessoa o desestimula.

> ***Dica:*** *Homens como Paul não sentem nenhuma pressão interna para mudar o* status quo. *Ele namora quando quer, mas não é um jogador. Ele é responsável, atencioso, gosta da companhia de mulheres e até de namorar. Ele espera ser fisgado – um dia –, mas não toma o tipo de atitude que se esperaria de um homem comum. Não hesite em tomar a iniciativa; ele precisa disso, e até o deseja. Contudo, seja sua amiga, não sua chefe, ou ele simplesmente resistirá a suas investidas. Esse tipo de homem pode ser um enigma: dê a ele três meses e, se depois disso ele ainda não estiver saindo com você regularmente (pelo menos duas vezes por semana), siga sua vida. Ele pode ser uma fruta ao alcance de sua mão, mas que ainda não está madura o suficiente para ser colhida.*

Josh, um cientista de 30 e poucos anos que já concluiu o pós-doutorado, era autossuficiente e ambicioso em termos profissionais. Quando não estava no laboratório, tocava em uma banda, fazia caminhadas ou praticava mergulho. Certo dia, Kathy, uma inteligente assistente de pesquisas, apareceu no laboratório. Ela o persuadiu e os dois acabaram se tornando amigos. Logo ele a convidou para escalar uma de suas montanhas favoritas e, em seguida, para uma expedição de mergulho com água a 10 graus centígrados, em São Francisco, na Califórnia (um teste, talvez?). Ele não se sentiu ameaçado nem pelo cérebro nem pelo espírito aventureiro da jovem; na verdade, ele estava totalmente impressionado. Ele a observava e a desejava, mas era tímido demais para tomar a iniciativa. Sem experiência em namoro, ele pensou – embora não tivesse plena certeza – que ela o considerasse apenas um amigo. Um dia, cansada de esperar que ele tomasse uma atitude, ela o agarrou e o beijou. Ele ficou entusiasmado em saber que ela tinha sentimentos especiais por ele.

Homens como Josh podem ser um pouco inocentes e ingênuos; não interprete o comportamento deles como "falta de interesse". Portanto, se gostar de uma pessoa, vá até lá e tome a iniciativa. (Josh e Kathy se casaram dois anos depois do primeiro beijo.)

O monogamista serial

Esse tipo é muito difícil de distinguir. Ele parece um jogador, mas não é. Ao mesmo tempo, ele pode parecer estar mais pronto para um relacionamento do que realmente está. Seu comportamento é sinalizado pelo modo como se atira em um relacionamento monogâmico, por seis meses ou algo assim. A relação termina assim que a mulher passa a esperar mais. Mesmo quando ele sabe que ela não é a mulher certa para ele, deixa a coisa rolar, lentamente, porque gosta do drama e também da oportunidade de fazer sexo bom e com regularidade.

Ian, um homem alfa de 38 anos, com a cordialidade e a atenção típicas de um beta, respeita a inteligência e as realizações das mulheres. O problema com sua personalidade é o fato de ele estar procurando a mulher perfeita: bonita, esperta, realizada, independente, sexy e totalmente devotada a ele. As mulheres o percebem como alguém interessado no casamento – e ele está, porém talvez não nesta vida. No seu rastro, deixa um grande número de mulheres – a maioria alfas fortes das quais ele requer absoluta devoção. Ele também não quer uma beta tradicional; ele deseja uma mulher que seja independente e bem-sucedida. Em outras palavras, ele quer uma pessoa absolutamente autônoma que o atenda em todas as suas necessidades. Ele parece estar apaixonado por uma figura paradoxal.

> **Dica:** *Minha regra é simples. Após um ano de relacionamento firme, você já deveria ter certeza de aonde isso vai acabar. O fato é que, quando já está com 33, 34, 35 anos ou mais, você quer evitar passar sequer seis meses de sua vida com um homem que, no final, acabará abandonando a relação. Nessa época ele já deverá conhecê-la bem o suficiente, mas talvez ainda fique atento para ver se não encontra alguém "melhor" ou "perfeita".*
>
> *Fique alerta para as seguintes pistas: quando você fala sobre o futuro, ele emite sinais ambíguos? Você já conhece os pais e os amigos dele? Você costuma estar ao lado dele quando ele comparece a casamentos do círculo de amizades dele? Ele costuma flertar com outras mulheres ou ficar olhando por sobre o seu ombro quando vocês estão em uma festa? Por que os três últimos relacionamentos dele fracassaram? Hummmmm... Afinal, qual é o padrão?*

Esse tipo de homem acredita no matrimônio e, no final, acabará se casando, mas é bem possível que a noiva seja a próxima namorada que virá depois de você, ou talvez a terceira na sequência – quem sabe? Quando estiver próximo dos 40 anos (ou até já estiver nessa faixa etária), talvez ele finalmente perceba que não poderá ter tudo o que deseja. Há pouco tempo, um monogamista serial que conheço ficou noivo e se casou. Uma das últimas coisas que ele me disse antes do grande dia foi: "Odeio pensar que estou fechando portas. Há tanto lá fora!"

É mesmo? "Bem, em algum momento você precisa fechar algumas portas para que outras possam se abrir", eu disse. Espero que o casamento o ajude a crescer.

Previsões sobre compromissos

O jogador

Pode manter o nome de cinco mulheres (ou mais) programados na discagem rápida; busca novidades, *booty calls*, e muita ação. Não liga no dia seguinte. Sente-se atraído por mulheres que curtem a vida. Vai retirá-la do circuito se você o pressionar por mais tempo ou atenção.

Previsão sobre compromisso: Considera o sexo sem consequências a melhor coisa já inventada e não vê razão para deixar de se divertir. Relacionamentos com esse tipo de pessoa com certeza não a levarão a lugar nenhum. Ele continuará agindo assim enquanto puder e, à medida que fica mais velho, suas novas "namoradas" serão cada vez mais jovens.

O livre, leve e solto

Não sente pressão interna para se comprometer; pode parecer solitário, mas, na verdade, sente-se bem com o *status quo*. Bastante autossuficiente, ele resiste à ideia de encontros arranjados. Gosta de fazer as coisas a seu modo.

Previsões sobre compromissos

Previsão sobre compromisso: Precisa de um empurrão, o que uma mulher alfa pode perfeitamente lhe oferecer. Uma beta pode prolongar a espera, e terá de ativar seu lado alfa para acioná-lo. Seja qual for o caso, ele precisará de uma mulher que seja suficientemente autoconfiante para ser ao mesmo tempo firme e gentil; alguém que pegue sua mão e o leve até o altar. Não tenha medo de tomar a iniciativa e ver aonde isso a levará.

O monogamista serial

Ele pensa no futuro de longo prazo, mas seu comportamento é confuso. Vai enrolando enquanto busca a mulher perfeita. Os relacionamentos empacam depois de seis meses; idealiza uma mulher tradicional e devotada, mas que também seja independente.

Previsão sobre compromisso: A mulher terá de acionar seu lado alfa e tomar suas decisões com base no fato de ela estar ou não obtendo o que ela precisa. A melhor combinação para ele será provavelmente uma beta forte com tendências alfa, que possa priorizá-lo, sem, entretanto, mimá-lo.

Identificando o puríssimo homem beta

Oliver, 31

65% beta e 40% alfa

Beta elevado/Alfa moderado

A maneira mais eficaz e precisa de separar os solteiros alfa dos beta é ligando os pontos em seu histórico de relacionamentos amorosos. Uma vez que o padrão se revele – a-ha! –, você se encontrará em uma posição muito melhor para predizer o comportamento futuro da pessoa. Quando olhamos para Oliver, vemos que seu histórico de relacionamentos é progressivo (ele não está repetindo escolhas específicas; ele está aprendendo e crescendo, o que o torna um desejável beta).

Um homem atraente, mas não exatamente lindo, Oliver é um mago da tecnologia que trabalha em uma empresa iniciante na área de desenvolvimento de negócios. Ele tem muitos amigos não íntimos com quem pode se divertir, e alguns mais próximos que considera confidentes. Ele se dá bem com os pais, mas vive sozinho e não depende deles. Divertido, esperto e com os pés no chão, ele valoriza os relacionamentos e espera se casar e formar uma família. Ao longo de sua vida amorosa, Oliver tem escolhido mulheres alfa, fortes, a quem respeita e admira. Na última década, cada uma de suas três relações monogâmicas, desde a faculdade, durou entre um e três anos.

Histórico do namoro

Relacionamento #1:

Oliver e sua primeira namorada tinham um romance doce que nunca se transformou em algo mais profundo. Quando ela se mudou, eles se visitaram por cerca de um ano e meio; a relação terminou aos poucos, por decisão mútua. Oito anos depois da separação, os dois ainda são amigos e confidentes. Oliver sabe que pode confiar nela e sempre busca conselhos para enfrentar suas decepções amorosas.

Relacionamento #2:

Cynthia, uma alfa que desejava mais da relação do que Oliver estava pronto para encarar, trouxe um novo grau de seriedade para a vida dele. Ela tinha certeza de que, embora os dois priorizassem a carreira e estivessem prestes a cursar a pós-graduação em cidades diferentes, ambos deveriam continuar com sua relação exclusiva. Ela achava que estavam tão apaixonados e que deveriam considerar a ideia de se unir no prazo de dois anos. Contudo, depois de sua primeira experiência com um relacionamento a longa distância, Oliver não se mostrava tão entusiasmado. Ao mesmo tempo, ele se considerava jovem demais e focado demais em sua carreira para se comprometer tão cedo.

Cynthia fez de tudo para persuadi-lo, mas, quando nada funcionou, ela teve vários surtos de raiva e choro. Ele nunca havia percebido quanto ela era insegura e possessiva. O fato é que quanto mais ela pressionava, pior ficava para Oliver, que detestava confrontos e não gostava de magoar as pessoas. A despeito disso, ele a enfrentou e manteve sua posição, com cuidado e sensibilidade admiráveis. Ele não queria machucar Cynthia, mas não podia prometer a ela algo que sabia que não seria capaz de oferecer. Depois de vários meses de drama, eles se separaram e ela deixou de segui-lo no Facebook. Eles não têm se falado desde então.

Relacionamento #3:

A próxima da fila foi Kerry, uma mulher que possuía todas as qualidades necessárias, pelo menos na maioria dos aspectos, mas simplesmente não se adequava aos fortes valores do namorado. Oliver conheceu Kerry por intermédio de um amigo quando cursava pós-graduação na área de Administração. Ela era bonita, inteligente e sexy, e o rapaz se apaixonou.

Kerry, porém, tinha um grande problema: uma obsessão por moda de alta costura que ela não tinha condições de bancar, o que, inevitavelmente, a levou a exibir péssimos hábitos no que diz respeito a cartões de crédito. Oliver, que é cauteloso e conservador em relação a dinheiro, ficou chocado ao descobrir o montante das dívidas de sua namorada. Mesmo depois de ser demitida do trabalho, ela continuou a comprar. Ela não via nada de errado na maneira como administrava sua vida, mas Oliver considerava que ela estava vivendo em uma bolha. Ele não fazia ideia de como Kerry se livraria de todas aquelas dívidas, até que finalmente percebeu que ela não tinha a intenção de fazê-lo. Havia sempre uma nova coleção que ela precisava ter e novos itens que ela precisava adquirir. A Barney's já tinha seu número na discagem rápida; seu armário era perfeitamente organizado com roupas e acessórios dos mais sofisticados e talentosos novos *designers*. Ela possuía armários específicos para sapatos. Conforme os meses se passaram, Oliver admitiu para si mesmo que Kerry estava em curso de colisão e que logo precisaria de ajuda. Sentindo-se desconfortável e aflito, ele ofereceu a ela o dinheiro que precisava para encerrar sua dívida com um dos vários cartões que ela possuía.

No entanto, afinal, como seria a vida conjugal ao lado de uma pessoa tão obsessiva e irresponsável? Oliver sabia que se quisesse que a relação continuasse, eles teriam de conversar. Certa noite, durante o jantar, ele tomou coragem e introduziu os tópicos de dinheiro e valores, perguntando se ela conseguia se imaginar diminuindo os próprios gastos. A resposta dela foi não. Um estilo de vida moderno e atual significava mais para ela que qualquer outra coisa; ela não conseguia pensar em sua vida de nenhum outro modo.

Em seu favor, Kerry não havia tentando esconder a verdade. Agora Oliver precisaria enfrentar os fatos, e ele ficou apavorado. Com essa perspectiva, como seria sua vida de casado? Ele ainda considerava Kerry bonita e fascinante, mas não desejava passar o resto de sua vida pagando as dívidas dela. No futuro, ele planejava ter uma família, mas não conseguia imaginar Kerry fazendo nenhum sacrifício em relação aos próprios hábitos.

Depois de muitas discussões ao longo dos dois meses seguintes, com tristeza, o casal resolveu se separar. Embora Oliver ainda pense nela e sinta muito sua falta, ele comentou com um amigo – com uma combinação de pena e alívio (na maior parte), "eu desviei de um tiro certeiro".

De volta ao cenário dos relacionamentos amorosos, Oliver decidiu tentar uma relação virtual, embora sempre tivesse resistido a essa ideia pelo fato de as pessoas se manterem anônimas e de nunca ser possível saber realmente com quem se está conversando. Então, uma jovem de 27 anos enviou-lhe uma mensagem para convidá-lo para ir até sua casa. Ele foi e, depois de conversarem por quinze minutos, os dois fizeram sexo. Em seguida ele foi embora e os dois nunca mais se viram. Oliver ficou agradavelmente surpreso consigo mesmo. Ele simplesmente entrou, colocou uma camisinha e curtiu um ótimo sexo.

A primeira experiência de Oliver com sexo casual fora perfeita, porém, o que ele queria realmente era um relacionamento sério – sem promiscuidade. Ele ainda prefere encontrar pessoas por intermédio dos amigos, uma vez que considera estranho namorar mulheres com as quais ele não sente uma ligação verdadeira. Por causa disso, ele passou a se utilizar de um algoritmo para ver que tipo de conexão ele conseguia fazer entre suas amizades reais e os relacionamentos virtuais. Contudo, há outros exemplos que mostram que Oliver considera o cenário de namoro virtual uma ciência. Sendo um homem bem organizado, sistemático e altamente motivado, ele mantém anotações e arquivos de cada mulher com quem se encontra, evitando assim qualquer confusão.

Ele se utiliza da regra dos três e-mails para dar andamento ao processo: se há interesse mútuo, ele prossegue para o primeiro contato telefônico. Se a conversa vai bem, pode ocorrer um novo contato pelo telefone e, então, sem mais enrolação, um encontro é marcado em um local público.

Oliver acha que qualquer um que prolongue a comunicação por e-mail se torna suspeito, e eu concordo com ele. Um número excessivo de mensagens escritas pode nos fazer perguntar (e de modo legítimo): "O que essa pessoa está tentando esconder? Existe algo por trás disso? Será que ele ou ela está mentindo sobre idade, altura, peso?" Sendo precavido, ele sempre planeja o encontro para que dure apenas uma hora. ("Tenho outro compromisso às oito.") Com experiência no assunto, ele é realista e sabe que isso pode não dar certo.

Em geral, Oliver marca dois encontros por noite; em cada um deles, ele educadamente paga a conta e agradece à mulher pelo tempo investido. Se estiver interessado, ele costuma enviar um e-mail ou uma mensagem de texto para a candidata. Certa vez, quando uma mulher cancelou um encontro de última hora, ele planejou ligar para ela e remarcar, então eu disse: "Não! Ela não é confiável nem atenciosa. Siga em frente."

Oliver imagina uma parceria na qual ele e sua esposa apoiem um ao outro e construam uma vida juntos. Ele espera se casar nos próximos anos, e eu acredito sinceramente que ele de fato encontrará uma alfa forte a quem ame.

Os "nãos" para as mulheres fortes

Não pare de procurar

- **Dilema:** "Tenho 35 anos. Sinto como se estivesse namorando com uma arma apontada para minha cabeça. Será que eu deveria me casar com o "Senhor Agora"? Ele parece confiável e agradável. E se eu não encontrar ninguém tão delicado e simpático como ele? Seria essa minha última chance?"
- **Conselho:** Não entre em pânico! Se você acha que o "Senhor Agora" é uma possibilidade, dê uma chance a ele, mas não se comprometa totalmente. Dê uma olhada no ambiente de namoro virtual, mantendo-se focada. Realize as atividades que

você ama com paixão e vigor. Evite os "jogadores". Considere homens mais velhos e divorciados (na faixa dos 40).

- **Dilema:** "Tenho 31 anos e estou sozinha. Nos últimos seis meses, fui a seis casamentos. Nada funcionou para mim. Será que preciso diminuir minhas expectativas?"
- **Conselho:** Sentir pena de si mesma não é uma atitude produtiva. Esse é o momento certo para se livrar dos homens não disponíveis. Casamentos são ótimas ocasiões para encontrar candidatos. Não reduza suas expectativas, mas seria bom reavaliá-las para ver se não são irrealistas. Há muitos rapazes lá fora, mas você precisa ser esperta e se manter focada. Você tem tempo. Mantenha-se positiva!

- **Dilema:** "Estou investindo em uma carreira que amo, mas minha mãe teme que eu nunca me case. Entretanto, estou muito ocupada e não estou apaixonada pelo meu namorado. E isso não é tudo, com 27 anos, não quero um relacionamento sério com ninguém no momento."
- **Conselho:** Você tem muito tempo pela frente. Sua carreira é muito importante para o seu futuro. Se você quiser se casar, deve manter essa ideia bem clara em sua mente para os próximos dois anos, quando namorar. No momento, concentre-se na sua carreira.

- **Dilema:** "Tenho um namorado fixo, que, aliás, é uma pessoa ótima. Contudo, embora só estejamos juntos há um ano, a química entre nós já se desfez. Tenho 38 anos. O que devo fazer?"
- **Conselho:** Viaje! Adquira alguns brinquedinhos eróticos. Introduza alguma novidade e aventura em seu relacionamento

sexual. Compartilhe suas fantasias com ele. Converse com seu namorado sobre como trazer a paixão de volta para a sua relação. Ele parece um bom sujeito, no qual vale a pena investir.

Não facilite demais para o outro

- **Dilema:** "Não me importo em fazer muitas coisas ao mesmo tempo. De fato, sou muito boa nisso. Sei que quando eu mesma faço, a coisa sai bem feita. Meu marido faz o que precisa ser feito, mas sempre demora séculos para resolver, o que me deixa impaciente e, às vezes, exausta. O que devo fazer?"
- **Conselho:** Deixe que ele faça as coisas do jeito e no ritmo dele. Não seja obsessiva em termos de controle. Não faça as coisas simplesmente porque tem condições de fazê-las. Controle a própria ansiedade. Deixe as coisas correrem naturalmente; isso será bom para você e também para o seu relacionamento, mas, acima de tudo, não o critique pela maneira como ele age.

- **Dilema:** "O homem que comecei a namorar recentemente é caloroso e comunicativo – quando está sozinho comigo. Contudo, quando nos encontramos com amigos para jantar, ele se fecha a ponto de se tornar rude, e eu acabo me sentindo como se tivesse de me desculpar por seu comportamento. É embaraçoso. O que devo fazer?"
- **Conselho:** Não se sinta embaraçada nem se desculpe pelo comportamento dele. Ele pode se sentir acabrunhado por encontrar seus amigos; talvez isso desperte a timidez dele. Ou talvez ele sinta ciúme da amizade dessas pessoas por você. Converse com ele. Talvez ele precise apenas de mais algum tempo para se adaptar aos seus amigos.

Não diminua a si mesma

- **Dilema:** "Sou uma mulher muito inteligente e adoro contar histórias. Eu preciso da atenção das pessoas, mas já notei que a maioria dos homens com quem saio deseja ser o centro das atenções. Então eu me sento e ajo com cordialidade. Será que tenho de fazer isso?"
- **Conselho:** Você precisa de um homem que aprecie o seu charme e que lhe permita colocar-se no centro do palco – pelo menos parte do tempo. Seu parceiro não deve percebê-la como uma flor em um vaso. Ele precisa ser capaz de compartilhar os holofotes.

- **Dilema:** "Amo todos os tipos de festas, e adoro provocar as pessoas e brincar com elas. Quando as coisas ficam meio paradas e entediantes, gosto de animar o ambiente fazendo algum comentário polêmico. Meu namorado fica nervoso e diz que não gosta quando eu exagero. Ele está certo?"
- **Conselho:** Mantenha seu ego observador sintonizado com o próprio comportamento. Desde que você não seja rude nem diga ou faça coisas inadequadas, tudo ficará bem. Pelo menos ninguém ficará entediado ao seu lado!

Capítulo 5

O alfa e o beta do namoro

De certo modo, o namoro virtual e as mídias sociais equilibraram o campo de batalha; como nunca anteriormente, as mulheres podem agora assumir responsabilidade pelo próprio comportamento e por sua vida sexual. Sua tendência alfa de assumir riscos é um extra e, de muitas maneiras, o cenário do namoro parece ter sido construído com as mulheres em mente. Elas conseguem iniciar relacionamentos e organizar encontros de grupo com tanta facilidade quanto os homens. É possível usar os novos aplicativos e encontrar alguém atraente na esquina. Desse modo, sentar-se e esperar ser escolhida por alguém parece algo ultrapassado nos dias de hoje. O mundo dos relacionamentos amorosos gira em torno de escolhas proativas.

É somente sexo?

"Um homem pode publicar no Instagram uma foto dele mesmo comendo alguma coisa, com a seguinte legenda: 'Estou faminto!'", disse uma participante de um grupo de discussão. "Se alguma mulher vir aquela postagem e tiver vontade, ela pode retornar o flerte e 'ficar' com ele." Uma mulher também poderia fazer a própria *booty call*, por preferir estar no controle. Ela não gosta de ser apenas mais um nome na lista de contatos do homem. "Estou muito estressada, então, neste final de semana, meu plano é fazer muito sexo", confidencia. Ela tem algumas opções em mente.

O que as mulheres realmente pensam do sexo casual? Pedi às participantes de um grupo de discussão que me contassem sobre a experiência delas:

- "É possível fazer sexo sem nenhuma consequência. As mulheres são capazes de fazer sexo e se manter totalmente desapegadas."
- "Acho perfeitamente possível praticar e curtir o sexo casual, mas se tornar essa atitude um hábito, isso não a levará aonde deseja chegar em termos de felicidade e relação de longo prazo."
- "Acho que as mulheres sempre imaginam que poderia haver algo mais, como um telefonema no dia seguinte."
- "Acho que sempre que se fica com alguém, acaba-se estabelecendo algum tipo de relação; faz parte da natureza humana. Cada mulher terá um modo diferente de lidar com essa conexão. Também não acho justo dizer que os homens são imunes a sentir esse tipo de conexão. Algumas mulheres conseguem fazer sexo casual e se manter desapegadas, enquanto para alguns homens isso não é possível. Depende."
- "Mesmo ficando com alguém que eu sei que jamais namoraria, rola algum tipo de conexão. É o sentimento de precisar ser vista como alguém desejada."
- "Quando sei que é um encontro casual, o sexo pode ser divertido e erótico. Ele pode ser uma aventura, além de reafirmar o ego. Um homem alfa pode ser puro sexo. Como a maioria desses homens, sou aberta, erotizada e, provavelmente, estou no auge do desejo sexual!!"

- "Muitas mulheres podem fazer sexo sem que haja um relacionamento. Contudo, se isso se prolongar por algum tempo, a pessoa inevitavelmente acaba se envolvendo. Isso pode ocorrer com a mesma facilidade para mulheres e homens. Mike e eu tínhamos o mesmo entendimento no início – deveria ser algo casual, embora gostássemos muito um do outro –, mas ele tinha mais expectativas que eu e, no final, acabou ficando magoado."
- "Mesmo que eu não ame essa pessoa e não veja nenhuma possibilidade de um relacionamento sério, para mim é praticamente impossível fazer sexo e não sentir algo mais forte pelo outro. Além do mais, acho que os homens suprimem seus sentimentos e podem se concentrar na satisfação imediata."
- "É duro quando você está solteira, é aventureira, gosta de se divertir e está a fim de transar. Isso quer dizer que você acabará fazendo muito sexo, mas nunca se sentirá totalmente realizada; e isso também não a levará para mais perto de seu objetivo de encontrar um parceiro de longo prazo. Entretanto, de que outra forma se deve esperar pelo futuro marido?"
- "Não quero sair à caça de um marido. Odeio essa ideia. Contudo, estou farta de me envolver em relacionamentos nos quais inexistem planos para o futuro."
- "O sexo sempre terá um aspecto emocional. Os hormônios são liberados durante contatos íntimos, e estimulam sentimentos. Foi assim com um rapaz que conheci; nós jamais teríamos uma relação. Depois do sexo, porém, passei dez minutos pensando, 'o.k., estou apaixonada!', mas aquilo foi por causa dos hormônios. Quando os dez minutos já haviam se passado, foi como 'Ah, pare com isso'. Enfim, os hormônios

não tinham nada a ver com o que eu realmente estava sentindo em relação a ele."

- "Nunca curti sexo casual. Consigo manter sexo consistente com alguém de quem eu goste e, ao mesmo tempo, com quem eu tenha certeza de que um relacionamento nunca decolaria. Contudo, acho que, em termos sexuais, é preciso que o parceiro saiba o que se espera do encontro. É preciso decidir o que se quer. Por exemplo, se o sexo oral é importante (e, de fato, é!), eu não faria isso por ele a menos que ele também fizesse por mim, embora eu pudesse ser paciente se ele me pedisse algum tempo. O fato é que muitos caras sentem orgulho em fazê-lo."

Vá à luta!

Como terapeuta acostumada a observar os acontecimentos e a ouvir o que as pessoas têm a dizer, testemunhei uma grande transformação no mundo. Vivemos uma realidade pós-namoro e pós-feminista, na qual os velhos encontros se tornaram exatamente isso: velhos. Homens e mulheres de todas as idades navegam em sites de namoro e usam mídias sociais. Os sites de relacionamento registram mais de 593 milhões de visitas, somente nos Estados Unidos. É um passatempo nacional, sem nenhum estigma envolvido! Entretanto, é claro que nessa dinâmica existe um lado positivo e outro negativo.

Juntamente com o grande número de oportunidades de contato instantâneo, esse meio de comunicação altamente tecnológico causa grande ansiedade nas pessoas. (Como disse um cliente, pode causar no ser humano um caso de Distúrbio do Déficit de Atenção – DDA – da relação.) A época das regras nos relacionamentos passou, e você não deve se deixar levar por pressuposições do passado. Vejo a frustração e a confusão de meus clientes conforme tentam navegar pelo cenário dos relacionamentos. Pessoas com motivações ambíguas não são novidade, mas o ciberespaço cria camadas de ofuscação, e é preciso ser muito esperto para "ler" a situação corretamente.

Repetidas vezes ouço clientes falarem a respeito de alguém que acreditam conhecer bem, simplesmente pelo fato de terem feito pesquisas no Google e trocado vários e-mails, postagens no Facebook e mensagens de texto – mas essa é uma suposição falsa. É importante lembrar que muitos usuários da internet usam seus perfis como instrumento de marketing justamente para se apresentar como a pessoa que gostariam de ser – diferente da versão original (ou melhor que ela). Em casos extremos, esses perfis são de "pessoas virtuais" e que, portanto, não existem.

Ao mesmo tempo, é possível sair à caça e maximizar as opções em um mundo que promete possibilidades infinitas. Uma aluna de doutorado, de aproximadamente 25 anos, terminou com o namorado depois de dois anos de relacionamento. Então, postou seu perfil na internet e sua caixa de mensagens foi inundada com respostas. Em seu primeiro encontro, ela saiu com um homem para beber; no segundo, ela escolheu uma mulher. "Por que não?", perguntou. Aquela seria uma ótima oportunidade para experimentar, explorar sua sexualidade e sua identidade e decidir o que de fato queria da vida. Depois de namorar três rapazes, e terminar com todos eles (todos queriam relacionamentos sérios, ela não), ela colocou seus planos de namoro em espera, tendo em vista que estava prestes a partir para a África com o intuito de conduzir pesquisas para seu doutorado. Uma de minhas clientes, que, aliás, já estava em um relacionamento, admitiu navegar na internet. Ela disse que não estava interessada em encontrar ninguém em especial, mas, considerando que o mercado oferece um suprimento infinito de candidatos, por que não olhar quem estava disponível? Nunca se sabe!

Possuir alto percentual alfa provavelmente significa que você pode se envolver no jogo do namoro virtual sem a mesma angústia que alguém cujo percentual seja baixo. Durante um debate, homens e mulheres entre 25 e 30 anos, todos ambiciosos alunos de pós-graduação em universidades de primeira linha, foram francos ao dizer que, naquele momento, estavam mais interessados em socializar e fazer sexo que em manter um relacionamento sério e de longo prazo. Eles concordaram em vários pontos. "Evite o tipo de homem que escreve muito sobre si mesmo", alerta uma jovem. "Ele é narcisista." Ao mesmo tempo, ao escrever sobre si, "Não se deprecie nem se mostre demasiadamente sentimental ou simpática. Seja uma pessoa normal, honesta, mas não super-honesta". Um homem concordou: "Não se leve a sério demais. Isso é tempo perdido e digno de pena. As pessoas devem postar piadas e histórias curtas, mas significativas; devem ser engraçadas, sucintas e concisas, e nunca sinceras demais". O grupo concordou que a pior descrição de perfil é a do tipo que "tira o corpo fora": "Não sei o que dizer sobre mim mesmo". Isso revela que a pessoa não é articulada ou que não se conhece – o que é muito desestimulante. Mesmo que não esteja interessado em nada sério, o grupo concordou que as pessoas teriam de combinar em questões fundamentais. Por exemplo, nunca, em hipótese nenhuma, saia com um criacionista se você for um evolucionista! Boa gramática e ortografia realmente contam (para esse grupo, pelo menos). Por fim, disseram para deixar de lado explicações desnecessárias. "Não perca tempo escrevendo sobre quão estranho é escrever a respeito de si em um site de namoro. Supere isso", escreveu outro participante do grupo. "Você está escrevendo, todos estão fazendo isso, e todos estamos lá."

Ansiedade do namoro

Se estiver em busca de algo mais sério para enfrentar a situação, você precisará de alguns mecanismos – que serão diferentes dependendo de sua personalidade, sua situação e sua idade. Uma cliente chamada Kristen, de 29 anos, fala com reconhecida exasperação: "Tem muita gente lá fora", ela diz. "É muito trabalho, vamos a inúmeros encontros e nada acontece. Contudo, meus amigos e eu nos mantemos animados e não nos deixamos desencorajar. Pode ser bem divertido se você demonstrar a atitude correta."

Kristen e os amigos estão procurando relacionamento sério. Ao revelar histórias e frustrações, compartilham um senso de controle. Juntos eles vão revisando os campos: "Por exemplo, eu estou em busca de um atleta, alguém que seja católico", ela diz. "Ajuda sentir que se eu continuar procurando, conseguirei o que desejo. No fundo do coração, não sinto que tenho muito controle. Alguns dos caras da internet são muito estranhos. Minha amiga conheceu um sujeito que era profissional do setor de investimentos. Eles ficaram juntos uma vez e depois disso ele só se comunicou com ela pelo Facebook, onde todos podiam ver! Isso a deixou muito desconfortável."

Essas questões são universais e envolvem todas as gerações, mas com características distintas para grupos de diferentes faixas etárias. Jackie, a mãe de Kristen, tem 58 anos e é divorciada. Ela quer outro parceiro, mas se sente desanimada. "Minha mãe não tem tido sorte para encontrar um parceiro", afirma Kristen. "Ela diz que existem malucos demais por aí. Eu me preocupo, pois sei que ela se sente solitária."

Pessoas mais jovens adquiriram experiência prematuramente nas mídias sociais, desse modo, o conceito de namoro virtual não é algo tão diferente. Entretanto, pessoas como Jackie sentem como se estivessem aprendendo uma nova linguagem, novos hábitos sociais.

Ela se sente desconfortável com a ideia de se expor e conversar com estranhos. Infelizmente, ela de fato pode ser mais suscetível que os jovens a interpretações equivocadas nas quais as pessoas se envolvem de maneira rotineira na web. Talvez ela eleve demais as próprias expectativas e acabe experimentando grandes decepções.

Pode parecer contraintuitivo, mas eu aconselharia Jackie, que está em posição vulnerável, a fazer o oposto do que fazem os alunos de faculdade, e publicar em sua página uma declaração honesta com sua visão da vida (suas crenças e seus valores), deixando absolutamente claro o que ela deseja de um parceiro e de um relacionamento. Uma sugestão: busque um viúvo que já tenha longa experiência de vida. Independentemente de isso parecer atraente, ela deve partir para a caçada, deixando de lado os joguinhos e verificando com olhos críticos os candidatos disponíveis.

Jade, de 28 anos, comentou: "Eu tive uma péssima experiência com um sujeito que perdeu o interesse por mim justamente quando eu estava começando a me apaixonar por ele. Eu estava de fato pronta para mergulhar de cabeça. Foi horrível. Senti forte rejeição e enorme sensação de perda. Logo depois disso, dois caras que eu conhecia me chamaram para sair. Minha terapeuta disse: 'Por que não ver o que acontece saindo com homens que gostam de você em vez desses alfas?' Então eu tentei. Não gostei de nenhum deles. Agora desconfio do meu julgamento."

A sugestão da terapeuta de Jade foi boa, mas o *timing* não. Jade ainda sofria por causa da rejeição e estava muito vulnerável para se arriscar. Nesse momento ela ainda verá os homens sob uma luz negativa. Depois que já estiver curada em relação ao seu desapontamento, ela se mostrará mais aberta para tentar.

Sua colega de faculdade, Tanya, disse: "Quero alguém excitante e ousado, não uma pessoa com as credenciais mais adequadas, como, por exemplo, ser da mesma classe social ou ter a mesma religião que eu. Quero romance. Contudo, um grande número de homens alfa que encontro são totalmente vazios por dentro. Ao mesmo tempo, parece fácil demais dizer que preciso encontrar um homem que me apoie. Não gosto de rapazes demasiadamente moldáveis. Eles são indecisos e inseguros. Não posso ficar ao lado de alguém que não corre atrás do que deseja".

Tanya está dividindo os homens em categorias: excitante e ousado, apoiador e indeciso (ou inseguro). Ela compreende que muitos homens alfa não escondem muito sob a superfície; ao mesmo tempo, ela não deveria achar que precisa necessariamente aceitar um homem com grande número de qualidades beta negativas. Ela deveria buscar uma pessoa que possa ser romântica e cuidadosa e, ao mesmo tempo, tentar evitar esse tipo de divisão enquanto procura. Sofrer alguns golpes duros não significa que você não encontrará o que está buscando, mas que poderá aprender com os próprios erros a acreditar em si e a se manter firme naquilo que quer.

O jogo intermitente

Tome cuidado com homens que estejam com o smartphone na mão à procura de sexo casual. Quando digita, ele está na própria zona de conforto – jogando um jogo de esconde-esconde que poderá fazê-la arrancar os cabelos. Não leve esse tipo de encontro muito a sério; pode ser apenas um flerte! Esse é o mais puro comportamento alfa, portanto, não personalize demais o encontro. O cenário posterior pode se revelar ambíguo e criar uma ilusão de conexão, sem que haja intimidade real. As pessoas mantêm essas ligações ilusórias com mensagens de texto intermitentes e uma série de encontros casuais.

A palavra-chave aqui é intermitente. A teoria do condicionamento comportamental desenvolveu o conceito de reforço intermitente:

quanto mais aleatória e imprevisível a recompensa, mais avidamente o indivíduo responde. Uma fisioterapeuta de 37 anos, que tem consultório próprio, mantém um relacionamento que se baseia em mensagens intermitentes e encontros ocasionais. Depois de ficar sem falar com ele por duas semanas, de repente, enquanto ela se arruma para o trabalho, surge na tela do seu celular uma mensagem do tipo: "34ºC nesta manhã. Fique fria!" Lembrando que esse homem também já havia cancelado – via mensagem de texto – um encontro marcado para a véspera do ano-novo, avisando-a na noite anterior. Na ocasião, ela ficou "arrasada", afirma. Compreensivelmente, mas a questão é que isso não foi uma surpresa.

Entretanto, ela prefere não dizer a ele como se sente. "Não quero falar sobre isso", ela diz. "Tenho medo de ser rejeitada. Já passei por isso antes." O fato é que ela está passando por isso agora, uma vez que esse homem obviamente não está somente com ela. "É terrível enfrentar essa verdade", desabafa. Contudo, ela é uma mulher inteligente e competente, e suspeito que saiba o que está acontecendo.

Outra cliente muito simpática, que recentemente decidiu que desejava um relacionamento sério, também encontrou um homem pela internet. Eles iniciaram uma troca de mensagens de texto e, de repente, ele começou a flertar com ela e a tentar seduzi-la. Essas mensagens também se tornaram mais esporádicas, o que a deixava em estado de constante ansiedade. Ao longo dos quatro meses que se seguiram ao encontro inicial, ela somente o viu cinco vezes, sendo que em quatro delas os dois mantiveram relações sexuais. Basta observar a proporção entre as mensagens de textos e os encontros face a face para avaliar a verdadeira natureza desse relacionamento. Minha intuição me diz que se essa proporção for superior a 4:1, nos estágios iniciais do relacionamento, é hora de cair fora.

Falsos positivos

Todos conhecemos o termo "mensagem dúbia". É quando uma comunicação verbal (do tipo "estou furiosa") é desqualificada por um sorriso ("não estou realmente furiosa"). Ambas as mensagens, verbal e não verbal, se contradizem e confundem o receptor. Mensagens dúbias sempre existiram, mas agora elas se escondem sob um novo formato e um novo meio de comunicação.

Antes de toda a tecnologia que temos à disposição atualmente, isso já era muito complicado, mas agora se tornou ainda mais. Digamos que são 6h30 da manhã e você receba uma mensagem de texto de um homem que encontrou em uma festa e com quem acabou ficando há três dias. Essa foi a primeira vez que ele deu sinal de vida desde então. O conteúdo do texto ("Estou pensando em você") e o *timing* (quem diria algo assim nesse horário, exceto, talvez, sua mãe) sugerem intimidade, mas estão em contraste direto com a metacomunicação, ou seja, com o método de envio da mensagem (aqui, uma mensagem casual). O fato é que ele pega a mulher de surpresa, e ela não sabe como responder.

O estranho nesse caso é que a mensagem sugere mais intimidade do que realmente existe entre ambos. Ele está sentindo o ambiente a partir de um contexto seguro. Não considere esse contato como interesse genuíno. Trata-se apenas de um flerte. Chamo a isso de "falso positivo" em um jogo de relacionamento. O *timing* é a chave: se você responder imediatamente, estará lhe dizendo que está disposta a participar de uma relação casual. Se é isso o que você deseja, tudo bem, mas se esse não for o seu intento, terá de esperar alguns dias para enviar sua resposta (isso se estiver interessada em pressionar um pouco). Nesse caso você estará assinalando algum interesse, enquanto desencoraja mensagens de falsa intimidade enviadas tão cedo. O intervalo de tempo para a resposta revelará mais que o próprio conteúdo do texto. Estaria eu defendendo o jogo no relacionamento? Não, mas a cibercomunicação é tão complicada quanto a comunicação verbal, ou até mais. Isso significa que você precisa ser fluente nessa linguagem.

Tome cuidado com as comunicações demasiadamente casuais. Alguém que você viu algumas vezes poderia lhe enviar a seguinte mensagem: "Vamos tentar nos encontrar na próxima quarta?". Quando chega o dia do encontro você envia ao indivíduo uma mensagem de confirmação, por volta das 17 horas, mas ele responde que terá de trabalhar. Fique atenta para qualquer mensagem iniciada com "Vamos tentar...". Soa amigável, mas não promete absolutamente nada.

Se o seu percentual alfa é elevado, certamente você está acostumada a se manter no controle. Entretanto, nesse jogo de relacionamento, você poderá se tornar surpreendentemente vulnerável. "As alfa se dão melhor nos negócios que com os homens", disse uma mulher. "Nos relacionamentos é necessário se preocupar com sentimentos, nos negócios, não." Embora realmente goste de sua natureza erotizada e adore seus encontros calientes com machões, talvez você receie acabar machucada se permitir-se revelar seus sentimentos e desejos mais profundos. É a intimidade que torna as coisas mais incertas e inseguras para você.

Como alfa, você precisará administrar certas qualidades, principalmente sua impulsividade e sua necessidade de controle. Digamos que você esteja on-line, buscando um relacionamento. Então, quando encontra alguém que a excita, começa a trabalhar, tentando seduzi-lo imediatamente com mensagens inteligentes. O problema é que ele não acha tempo para respirar (como disse um homem de maneira sucinta). Como alfa, você deseja assumir o controle da experiência quanto possível – e o mais depressa que puder. O problema é que embora você *possa* ser proativa, você *não é capaz* de controlar o processo tanto quanto gostaria (ou acredita ser capaz).

Você pode demonstrar tendência a buscar homens desafiadores, pois está convencida de que pode fazer as coisas acontecerem. Você é uma mulher forte, afinal! No entanto, enviar mensagens de texto é tão fácil que poderá reforçar essa sua tendência a pressionar demais. Uma de minhas clientes alfa bombardeia novos candidatos com mensagens, o que geralmente faz que esses homens se sintam perturbados – o que não surpreende. Isso é um grande erro. Muito grande! Pode parecer segura a suposição de que um meio de comunicação fácil e casual disfarçará sua ansiedade e, como um bônus, demonstrar como você é esperta. Contudo, enquanto vários "olás" e "comentários inteligentes" podem soar inofensivos, também é possível que transmitam avidez exagerada de sua parte ou, o que é pior, desespero. Para ser franca e direta, no início não é possível saber se a pessoa está brincando com você. A tecnologia nos ensina que tudo é instantâneo, como mágica. Entretanto, precisamos ensinar a nós mesmas que o desenvolvimento de uma relação não funciona assim. Serão necessários muitos encontros para que você consiga descobrir as verdadeiras intenções de outras pessoas.

"Deixe-me resolver seus problemas"

Algumas mulheres alfa simplesmente atraem homens problemáticos. Autoconfiantes, determinadas e ótimas na solução de problemas, elas adoram a oportunidade de transformar os homens em pessoas melhores. Que ótimo projeto para uma mulher de muita energia!

Laura, bem-sucedida representante comercial na área de publicidade, começou sua carreira tarde, mas subiu rapidamente. Bem adequada à profissão escolhida, ela é calorosa, sociável, atraente e nem um pouco tímida. Tem muitos amigos que a adoram e ama promover festas extravagantes. Ela também é uma grande conhecedora de artes e aprecia a cena cultural da cidade de Nova York. Desde o seu divórcio, há sete anos, ela conheceu vários homens, tanto pessoalmente quanto pela internet, sem, entretanto, alcançar sucesso. Considerando-se que Laura é de fato atraente, isso poderia parecer um enigma, pelo menos até você perceber que ela costuma rejeitar tanto os mestres do universo (como seu ex-marido) quanto os ômega fracassados.

Com uma mãe extremamente crítica, Laura está acostumada a ser o alvo de comentários cruéis. De fato, o primeiro comentário de um de seus encontros mais recentes foi: "Uau, aquela sua foto no seu perfil deve ser muito antiga." A foto em questão era recente e Laura estava linda. O comentário dele a deixou magoada, porém ela apenas sorriu e passou as duas horas seguintes ouvindo o que ele tinha a dizer e dando-lhe conselhos. Se um homem faz um comentário crítico ou insulta a mulher em um primeiro encontro, ele está testando quanta rejeição e manipulação ela tolera. Na melhor das hipóteses, ele tem um lado cruel; na pior, ele pode ser um verdadeiro agressor. Dê meia-volta e saia imediatamente dessa relação.

Contudo, também existem os fracassados. Na primavera, Laura e um namorado passaram dez horas no Central Park, passeando pelos bosques verdes repletos de cerejeiras e jardins floridos, e deixando para trás um banco após outro. "Mas por que diabos não podemos nos sentar e namorar?", pensou Laura, imaginando como seria maravilhoso beijar aquele homem atraente. Em vez disso, eles continuaram a caminhar e conversar, sem sequer dar as mãos. Depois que cada um foi para o seu lado no final do dia, ele enviou uma mensagem de texto para ela para agradecer pelo dia maravilhoso que passaram juntos. Muito frustrada – a ponto de estourar – Laura respondeu, também por mensagem de texto: "Gostaria que tivéssemos nos beijado. Sou ótima para beijar". A resposta dele? "Tenho alguns problemas."

Problemas? Não me surpreendi com isso. Qualquer homem que caminhe pelo parque por várias horas e sequer segure a mão da pessoa que está a seu lado tem algum problema. O que posso dizer, isso parece óbvio. Então, perguntei: "E o que você respondeu?" Ela disse a ele que os dois deveriam se encontrar para discutir esses problemas. Ela realmente estava curiosa, mas, nesse caso, a curiosidade e a empatia de Laura não tinham o menor fundamento. Em geral, você deveria resistir à tentação de discutir problemas nos primeiros estágios de um relacionamento. Você não quer ser a terapeuta do homem; você quer um amigo e amante. Você deseja se divertir! Deixe que ele resolva os problemas pessoais dele e então ligue para você. Ser uma "solucionadora" de problemas não é sexy nem romântico; é como se candidatar como ama de leite para um bebê. É isso que você deseja?

Homens que precisavam de ajuda não eram algo novo na vida de Laura. Seu primeiro relacionamento, há muitos anos, terminou quando seu noivo – que evitou fazer sexo com ela durante todo o tempo em que permaneceram juntos – finalmente admitiu que era gay. Nesse caso, por que tentar "concertar algo que não está quebrado"? O único problema do noivo dela era o fato de ele se sentir atraído por homens.

Laura é uma alfa no trabalho e com os amigos, porém, quando está ao lado de homens, esse seu aspecto ("Eu posso resolver seu problema!") se volta contra ela. Ela acha que está assumindo a responsabilidade, mas, na verdade, ela está permitindo que ele assuma o controle – e que a machuque. Pelo fato de ser resistente e durona, ela consegue administrar sua mágoa simplesmente balançando os ombros. Ótima contadora de histórias, ela batiza cada homem que conhece com um nome adequado (o sujeito do Central Park era Elvis, pois gostava de rock), e acrescenta outro exemplo hilário à sua lista de relacionamentos desastrosos. O humor faz parte de sua natureza, mas o custo disso é bem alto.

Laura está em uma montanha-russa de esperança e desalento. Namorar provoca nela um fluxo de adrenalina, que é reabastecido por ela com muita energia. Um dos maiores problemas da mulher alfa é o fato de ela ser atraída por homens superalfa, do mesmo modo como uma mosca é atraída pela luz de uma chama. Ela gosta do desafio de conseguir aquilo que ela acredita ser um prêmio: o cara mais excitante, sexy e desafiador do mercado. Ela é capaz de fazer acontecer! Já está na hora, porém, de mudar o foco e se concentrar em buscar um beta forte, que seja um parceiro respeitoso e independente, que lhe permita assumir o controle e, ao mesmo tempo, a deseje sexualmente (sem apresentar problemas). A melhor maneira de Laura começar é avaliar a situação de modo rápido, eliminando qualquer um que pareça rejeitá-la e seguindo em frente. E embora adore uma boa história, Laura não deveria permitir que isso a atrapalhasse em sua busca. Encontrar um bom relacionamento será a melhor história de toda a sua vida.

O que os jogos dizem a seu respeito

Toda essa discussão entre diferenças e similaridades entre os gêneros sexuais nos levou a acreditar, entre outras coisas, que, no que diz respeito a relacionamentos, os homens são ambivalentes, as mulheres não. Essa é uma profecia autorrealizável: os homens são ensinados que são assim e pronto; eles acreditam nisso e as mulheres também. Contudo, ambivalência em relação à intimidade é um traço humano, não de um gênero sexual específico.

Blair, de 30 anos, achava que queria um relacionamento. Então, quando encontrou um homem de que gostou durante sua busca na internet, ela ficou muito entusiasmada e esperançosa. Os dois trocaram inúmeras mensagens on-line. No entanto, o casal estava rodando em círculos – conversando, flertando e brincando de esconde-esconde. Durante uma sessão, nós duas percebemos que aquilo era um jogo; em parte ela estava ansiosa por encontrar alguém, mas, ao mesmo tempo, estava muito assustada. Depois de ter encarado alguns relacionamentos bem ruins, ela se mostrava ambivalente e usava essa infinita troca de mensagens como tática para protelar a situação.

Participantes de um pequeno estudo sobre relacionamentos e troca de mensagens disseram que o envio de mensagens de texto pode funcionar bem nos primeiros estágios da relação, como um meio de estabelecer conexão e reduzir a ansiedade social. Entretanto, a interação face a face precisa ocorrer logo, pois, embora seguras, as mensagens de texto representam uma forma não íntima de comunicação. Elas podem ser usadas por homens e mulheres em busca de autoproteção e fuga. Se você se encontra em um processo infinito de troca de mensagens, similar ao enfrentado por Blair, é preciso tomar uma atitude. Pergunte-se: Por que estou protelando? Do que tenho medo? Sentir-se confortável com o próprio medo e arriscar-se mesmo assim vai ajudá-la a enfrentar e dominar qualquer situação que a amedronte. Os temores típicos de exposição e rejeição vão se tornar mais administráveis conforme você ganhar experiência na construção de relacionamentos.

Se está genuinamente interessada em alguém, você precisa se forçar a elevar a relação ao patamar de comunicação direta, face a face – essa é a única maneira de descobrir quem essa pessoa realmente é e o que ela quer. Mantenha algum controle trocando três ou quatro e-mails e mensagens de texto, então, se sentir que deve arriscar, encontre a pessoa. Sempre demora um pouco para conhecer o outro, portanto, é preciso dar o passo inicial. Afinal, quem tem tempo a perder?

Na cultura dos encontros cibernéticos, os jogos são infinitos e variados, e muitas alfa gostam disso. Hannah, candidata a doutorado em Antropologia, com aproximadamente 25 anos, relacionou-se brevemente com um rapaz que ela descreveu como simpático. Ela não tinha muita certeza de como se sentia em relação a ele, mas ficou imaginando se ele enviaria uma mensagem de texto no dia seguinte ao encontro. Se ele o fizesse, certamente isso "diria" que ele havia gostado dela. Todavia, em vez de lhe enviar uma mensagem, ele a adicionou no Facebook. Ela julgou que ele estivesse sendo ardiloso e tentando magoá-la. Então, três dias depois do encontro – em perfeita sintonia com as normas de etiqueta para o contato pós-encontro com alguém por quem você não tem muito interesse –, ele finalmente enviou uma mensagem para ela. Quando Hannah e suas amigas perceberam que a tal mensagem havia chegado exatamente 72 horas depois do encontro, elas começaram a zombar da meticulosa atenção do rapaz pelas normas de etiqueta.

O fato é que tanto Hannah quanto o rapaz ficaram contando as horas e os minutos após o encontro, disputando o controle psicológico à medida que determinavam o resultado de sua "ficada". Hannah não queria se sentir rejeitada, tampouco reconhecer seu desapontamento; ela estava saindo de um relacionamento difícil de dois anos, então, com o apoio dos amigos, ela criou um jogo que girava em torno da interpretação das mensagens. Ela estava tão envolvida naquela experiência quanto ele, mas, o próprio jogo deu a ela certa distância emocional da situação. Preferi guardar minha opinião para mim, mas pensei: "A hipervigilância é uma forma construtiva de autoproteção". Hannah estava claramente determinada a não insistir nesse encontro, o que foi saudável.

O ato de jogar pode ser praticado em níveis que beiram o ridículo (ou a insanidade). A inacreditável história a seguir pode soar como um pesadelo, mas posso assegurar que é totalmente verdadeira. Suspeitando que sua namorada, Lisa, estivesse saindo com outros homens, Geoffrey idealizou um plano para desmascará-la. Certa noite, enquanto os dois estavam deitados na cama, depois de fazer sexo, ele criou uma falsa identidade no site Match.com – um perfil que ele sabia que iria intrigá-la. Durante a hora seguinte, enquanto os dois estavam em seus iPhones, Lisa enviou um e-mail em resposta à postagem dele. Com ela ainda deitada ao lado dele na cama, Geoffrey, se passando por outro homem, lhe pediu uma foto, e ela *imediatamente* enviou. Então, como se nada tivesse acontecido, ambos desligaram a luz e foram dormir.

Aquele foi somente o início da confusão. No dia seguinte, ele a acusou de "traição e deslealdade", alegando que a postagem no site teria sido feita por um amigo dele, que o informara sobre a resposta recebida. Pior que isso, ele afirmou que, uma vez que todos em seu círculo de amizades sabiam do seu relacionamento com Lisa, ele se sentira humilhado por sua atitude. Descoberta, Lisa ficou horrorizada, mas insistiu que não tinha a menor intenção de encontrar o outro homem.

Mais tarde, entretanto, ela percebeu que havia algo muito estranho em tudo aquilo. Ela conhecia o namorado bem o suficiente para saber que ele era do tipo maquinador. Era óbvio que ela havia sido pega em uma armadilha. No passado ela já o havia acusado de traição, o que o fez revidar. O fato é que essa discussão se arrastou por semanas. Ambos estavam corretos: nenhum deles era confiável e, uma vez que a confiança é a base de qualquer relacionamento, nenhum deles estaria disponível para a intimidade e o verdadeiro amor. Meu palpite sobre esses dois? Acho que acabarão ficando juntos, afinal, eles combinam perfeitamente em sua capacidade de enganar.

Chega de culpa para as beta

Se você é mais beta que alfa, talvez deteste jogar; você jamais se encontraria na situação de Lisa e Geoffrey. De fato, preferiria morrer. Você não está em busca de adrenalina, mas de um relacionamento. Assim, em geral você é mais direta que a alfa. Seu problema pode estar no fato de você se envolver emocionalmente depressa demais, ou se preocupar mais com os sentimentos alheios que com os seus. Se algo não funciona, você passa a se autoacusar. "O que foi que eu fiz de errado?", pensa, tentando analisar mentalmente sua longa lista de falhas pessoais.

Uma mãe solteira, que tinha pouquíssimo tempo a perder, costumava namorar homens que conhecia pela internet e continuar batendo papo com eles por muito tempo depois de perceber que já não estava mais interessada. Ela era muito simpática e legal, e simplesmente não conseguia se livrar deles! "Eu sempre me pegava escutando as histórias desastrosas que os rapazes me contavam", ela diz. "A ex-esposa dele disse isso ou fez aquilo, e assim por diante. Eu me conheço bem. Sou uma boa ouvinte, e as pessoas adoram conversar comigo. O problema é que eu acabava oferecendo conselhos como se fosse sua mãe ou terapeuta." Nesse caso, minha sugestão é que você ative seu alfa e pratique o encerramento educado da conversa. Olhe para o relógio e diga: "Sinto muito, mas tenho de sair. Eu perdi a noção do tempo. Foi ótimo encontrar você". E então siga em frente. É perfeitamente possível incorporar esse comportamento mesmo que você nunca tenha pensado em si como uma alfa. "Está muito melhor agora", disse a mãe solteira. "Eu dou quinze minutos, enquanto avalio meus sentimentos. Existe uma química rolando? Ele é interessante? Ele ri de minhas piadas? Ele está me oferecendo algo em troca ou a conversa gira somente em torno dele? Se as respostas forem não, não, não e não, encerro o encontro."

Muitas beta – embora isso dependa do percentual de cada uma – correm o risco de perder tempo demais com homens ambivalentes. Elas podem ter medo de balançar demais o barco, então, evitam confrontos e se mostram muito dispostas a ceder o poder. Se você está se esforçando demais, como Laura, pergunte-se por que você escolhe homens rejeitados. O que você ganha com isso? Pergunte-se: Ele vê essa relação como de longo prazo? Se você está na faixa dos 30 anos e sabe que deseja um casamento e filhos, você precisa saber já no final do primeiro ano da relação o que poderá esperar. Esperança não é um plano para o futuro.

Ao longo de um período de cinco anos, Caroline – que tem beta elevado e alfa mediano – namorou Steven, terminou com ele, voltou para ele e permitiu que ele se mudasse para sua casa, esperando que o casamento – seu maior desejo – acontecesse logo. Quando eles se conheceram, não demorou muito para que se tornassem próximos. Contudo, rapidamente surgiram sinais de que a relação deles não seria fácil. Por causa de suas diferenças religiosas e do medo dele de uma possível desaprovação por parte dos pais, Steven resistia à ideia de apresentar Caroline à família e, durante as férias, ele acabava retornando sozinho para Wisconsin. Conforme os anos foram se passando, eles compartilhavam cada vez mais, mas Steven continuava a evitar reconhecer seu grau de intimidade e comprometer-se com um casamento.

Caroline, de 32 anos, detestava confrontos e ultimatos. Criada para ser educada, adaptável e gentil, ela também tinha bom nível acadêmico e uma boa carreira. Ela, porém, não é do tipo que gosta de viver de aparências.

Conforme a relação continuava a se prolongar indefinidamente, seu irmão mais velho, bastante protetor, resolveu intervir e admitir sua preocupação de que ela tivesse se envolvido com um homem que simplesmente resistia à ideia de se casar. Sendo ele próprio um solteiro convicto, considerava-se capaz de identificar outra pessoa que revelasse fobia a compromisso. Caroline não disse ao irmão que temia pressionar Steven demais. Sempre que mencionava casamento, Steven ficava incomodado e pedia mais tempo. Então Caroline dava um passo atrás, aceitando prontamente colocar a indecisão dele à frente de seus objetivos pessoais.

Edward encorajou a irmã a estabelecer um prazo final para Steven, no entanto, ela se recusou. Ela acreditava que Steven a amasse, e achava que podia não apenas sentir mas também confiar nas intenções dele de se casar. Contudo, Edward, que estava acostumado a tomar a iniciativa com Caroline, continuou a pressioná-la a estabelecer uma data para que o namorado tomasse uma decisão definitiva. Ela acabou concordando. Quando, porém, a data da decisão chegou, ela e Steven adiaram. Depois que isso se repetiu quatro ou cinco vezes, esses "prazos finais" se tornaram insignificantes.

A chave para compreender o comportamento dela está em sua infância. Enquanto crescia, Caroline era dominada e sobrepujada pelo próprio irmão, o astro da família, e sua autoestima foi prejudicada. Ao colocar os medos de Steven à frente da própria necessidade de um futuro estável, Caroline estava apenas repetindo o padrão familiar, no qual seu irmão era colocado em um pedestal e ela, de joelhos, o obedecia. Como adulta, ela deixava de valorizar as próprias necessidades para agradar aos homens. Ao dar tanto espaço a Steven, ela alimentava a indecisão e a imaturidade dele.

Agora, entretanto, seu relógio biológico estava batendo intensamente. Caroline tinha toda razão para querer uma resposta. Ultimatos parecem cruéis, mas se você ama um homem e acredita que ele também a ame, você pode dar um empurrão para que ele tome uma atitude. Não permita que a indecisão dele afete sua realidade, nem se deixe humilhar ou degradar pela ambivalência do seu parceiro. Então, mesmo já tendo perdido sua credibilidade com tantos adiamentos, eu a encorajei a tentar novamente – e dessa vez insistir.

Prima-dona *plus*

Em geral, mulheres alfa são determinadas a conseguir exatamente o que querem e, às vezes, desvalorizam as pessoas que não são tão bem-sucedidas ou autoconfiantes quanto elas. Em alguns casos, elas agem como divas e fantasiam ter ao seu lado homens que fazem tudo do jeito que elas querem; elas também demonstram o desejo de ter consigo o homem perfeito. Se, porém, você ficar esperando por um mestre do universo, que também seja cuidadoso, apoiador e sensível, saiba que talvez você tenha de esperar para sempre.

Vamos aprender a distinguir entre (a) aceitar menos do que você quer e merece e (b) portar-se como uma diva que nunca aceita não como resposta. "Talvez eu devesse aceitar a situação e me casar com ele", diz a mulher de 30 e poucos anos, suspirando. Perdi a conta do número de vezes que já ouvi essa frase de mulheres frustradas que estão em busca de um parceiro e se sentem pressionadas pelo tempo. Minha resposta é sempre a mesma: nunca se acomode! Abrir mão de algo importante quando você escolhe um parceiro para a vida toda não é uma solução viável. Portanto, sequer pense em acomodação como uma possibilidade.

Ashley é uma cliente superalfa que namora um rapaz muito simpático chamado Chris. Ela insiste que ele faça as coisas da maneira que ela quer: que se vista com determinado estilo; que abra mão de sua motocicleta; e, por fim, que pare de ver seus melhores amigos, porque ela não aceita o tempo que ele passa junto deles. Se ele não fizer o que ela quer, não haverá casamento. Ashley aspira viver em um casulo, controlando tudo ao ser redor.

Esse comportamento é absolutamente narcisista. Ela se sente no direito de agir assim e, inclusive, impressionada com a própria importância; ao mesmo tempo, suas exigências irrealistas mostram quanto ela é vulnerável e insegura. Um parceiro seguro não se sente ameaçado pelo fato de o companheiro ter uma vida independente. Tenho testemunhado enquanto ela coloca Chris contra a parede, aumentando cada vez mais suas exigências, até o ponto em que ele se veja forçado a abrir mão dela ou da própria vida. Esse relacionamento somente sobreviverá se ela conseguir olhar para si em um espelho e perceber que o seu lema pessoal é "do meu jeito ou de jeito nenhum".

Pessoas e relacionamentos reais raramente combinam com nossas fantasias. Ashley tem um namorado que a respeita e a ama, mas ela insiste em controlar todos os movimentos dele. Já vi outras alfa – e também beta – que, para conseguir o que querem, em vez de procurar conhecer o homem que lhes mostra afeição e respeito, preferem simplesmente manter uma fantasia. Tenha em mente que a característica mais importante de um casamento bem-sucedido é algo que chamamos de visão de vida. Crenças e valores compartilhados e ideias similares sobre família formam o *núcleo* de um casamento funcional. Acrescente sexo de qualidade – que não necessariamente significa sexo arrebatador 24 horas por dia – e você terá a receita perfeita para uma relação de longo prazo. Com certeza há uma linha tênue entre acomodar-se e ser realista. Tente pensar menos a respeito das imperfeições do outro e mais sobre as qualidades que combinam com a sua visão de vida.

Lembre-se: as estatísticas sobre casamentos estão a seu favor, portanto, expanda sua busca, deixe suas fantasias de lado e arrisque-se de verdade.

Capítulo 6
Tornando-se um casal

Cresci em uma geração de mulheres que se definia pelo matrimônio. O *status* de mulher adulta era conferido com uma certidão de casamento e ninguém questionava a sabedoria por trás disso. Durante certa época, a mulher não casada era vista como solteirona, velha e enrugada, mesmo que sequer tivesse chegado à faixa dos 30 anos. Era caricaturada como uma figura solitária, exceto pela ninhada de gatos, e digna de pena. E, embora a pressão cultural não seja assim tão terrível nos dias de hoje, ela ainda é forte. É como se, depois dos 30 anos, a mulher começasse a se aproximar de sua data de validade.

O objetivo do namoro era fazer com que a mulher se casasse quanto antes. Alguém a convidava para sair e, se os dois gostassem um do outro, namorava-se um pouco mais até que, com suficiente interesse mútuo e um grau moderado de compromisso, fazia-se sexo, o que levava a uma relação “real” que, provavelmente, culminaria com o casamento.

Hoje, entretanto, a mulher adulta solteira tem muitas outras coisas em sua lista de prioridades, além do casamento. Molly, de 29 anos, namora o mesmo rapaz há quatro anos. Ocupada e muito envolvida no trabalho, ela não está com pressa de subir ao altar, mas seus colegas de trabalho, incluindo pessoas que são subordinadas a ela, a deixam incomodada ao perguntar o tempo todo quando ela pretende marcar a data. Ela simplesmente dá de ombros, considerando aquilo intrusivo e irritante. Molly tem seus planos para o casamento. Como muitas pessoas, ela prefere permanecer solteira por mais tempo. Ela não está esperando que o namorado coloque o anel em seu dedo para se considerar uma mulher adulta.

Carolyn, que também está na faixa dos 20 anos, é uma jornalista ocupada que também comanda um blog popular. Ela admite: "Às vezes me preocupa o fato de me sentir tão confortável sem um homem ao meu lado. Chamo minhas amigas, nós saímos e nos divertimos. Eu realmente penso em planejar uma vida sozinha caso não encontre alguém de quem realmente goste." Neste momento, Carolyn não vê a solteirice como uma tragédia, aliás, longe disso. Sua maior preocupação é, quando ficar mais velha: "Quem fará por mim aquilo que faço pelos meus pais?" Então uma amiga respondeu: "Você viverá em uma comunidade de pessoas, então alguém poderá levá-la até o supermercado, caso você precise!"

Um estudo de 2013, realizado pela Pew Research, revelou que 27% dos participantes não tinham certeza de que gostariam de se casar. Essa ambivalência em relação ao matrimônio pode estar ligada à aparente fragilidade dessa instituição, a partir da década de 1970, quando o divórcio se tornou mais comum (embora nem tanto quanto fomos levados a acreditar). Ainda assim, muitos homens e muitas mulheres nas faixas de 20 e 30 anos cresceram acompanhando a separação dos pais, ou testemunharam essa realidade na casa de amigos e também na mídia. E isso certamente exerceu um efeito sobre essas pessoas. O proeminente estudo da psicóloga Judith Wallerstein, sobre crianças que cresceram em meio ao divórcio, descobriu que muitas delas se mostram desconfiadas em relação à ideia de compromisso e podem, inclusive, preferir morar com alguém a investir no casamento. De fato, por várias razões, o número de casais que vivem juntos sem laços oficiais tem crescido ao longo de décadas. (De acordo com o censo norte-americano – US Census Bureau –, a taxa de coabitação no país subiu de 450 mil casais, em 1960, para 7,5 milhões, em 2012.)

Contudo, a notória estatística "dois em um" (que afirma que um em cada dois casamentos termina em divórcio) sobre a qual tanto ouvimos falar, está equivocada. Conforme estudo realizado pela Universidade de Maryland, desde 1980, a taxa de divórcio entre mulheres com ensino universitário caiu de maneira significativa, criando um "divisor" econômico. E, embora 39% dos norte-americanos concordem que o casamento está se tornando obsoleto, a maioria das pessoas que nunca se casaram (incluindo indivíduos desse grupo de 39%) afirma que gostaria de se casar um dia. Segundo dados federais, pelo menos 80% dos cidadãos dos Estados Unidos se casarão em algum momento de sua vida.

Por causa de minha profissão, sei que as pessoas seguem diferentes rumos na vida, e muitas coisas têm mudado ao longo do tempo, mas o casamento ainda é o padrão-ouro para a maioria dos indivíduos. Em um grupo de discussão com sete mulheres de nível universitário, todas na faixa dos 20 anos, uma delas era casada, duas estavam em um relacionamento sério (a primeira vivia uma união estável e tinha um acordo para se casar no prazo de um ano; a segunda tinha uma relação íntima, embora cada parceiro vivesse em uma casa), e quatro buscavam um relacionamento sério. Todas as mulheres da sala levantaram a mão quando lhes perguntei se queriam ser casadas.

O que uma relação *não* é

Como é possível dizer se você está construindo uma parceria sólida? Sem aderir a nenhum tipo de compromisso, os relacionamentos são amorfos e podem ser ilusórios. Veja a seguir um guia para aquilo que pode parecer um complicado jogo de tabuleiro.

Comecemos por uma lista daquilo que não representa uma relação em desenvolvimento:

1. Ele está em sua lista de candidatos para sexo casual (*booty call*), e você já teve alguns encontros maravilhosos. Você sabe disso, mas faço questão de relembrá-la de que esses encontros para sexo casual e essas "ficadas" giram em torno de sexo e conveniência. Encontros para sexo casual geram outros encontros do mesmo tipo. Raramente eles se transformam em outra coisa – mesmo quando você se reclina confortavelmente depois do sexo e acha que os dois estabeleceram uma conexão.
2. Ele envia muitas mensagens de texto e e-mails com deliciosos flertes, e então... nada. A proporção de mensagens *versus* encontros face a face favorece os encontros pessoais em, talvez, 4:1 (textos para comunicação pessoal). Mensagens de texto são fáceis de ser enviadas. O namoro verdadeiro exige coisas como jantar juntos, caminhar lado a lado e assistir a um filme.
3. Ele quase nunca está por perto, física ou virtualmente. Você o viu há um mês e, depois que você lhe enviou várias mensagens, ele finalmente respondeu, três semanas depois. Essa é uma relação casual que não promete praticamente nada.
4. Ele é do tipo que cancela encontros de última hora. Não dê a ele uma nova chance, a menos que você tenha certeza de que ele tem um chefe exigente. Cancelar um compromisso significa que algo mais importante apareceu. Delete seu contato.
5. Ele diz com frequência: "Vamos deixar rolar...", resistindo à ideia de fazer planos.

O que uma relação *é*

Peço aos meus clientes que pensem nos relacionamentos em termos de níveis de compromisso, que não necessariamente caem nas categorias mais elegantes. Começarei com uma advertência sobre "ficadas". Será que uma relação desse tipo *alguma vez* se transforma em um relacionamento de verdade? Só se a tal "ficada" não for exatamente uma... "ficada". Felicity e Rick se conheceram em uma festa. Ela se sentiu extremamente atraída por ele, e ambos foram para a casa dela. "No início, pensei que fosse somente uma ficada", admitiu Felicity. "Aquilo estava bom para mim, mas nós acabamos conversando por umas três horas antes de fazer sexo, sobre todo tipo de coisas." Na manhã seguinte, Rick tomou a iniciativa e a convidou para jantar naquela noite – a relação estava em andamento. Hoje eles vivem juntos e planejam se casar em um ano. Felicity sorri quando diz, "Se tivesse seguido os preceitos de minha formação religiosa, eu jamais teria ficado com Rick, e nossa relação nunca teria acontecido. O que fez a diferença foi o fato de nós dois conversarmos e sabermos que aquilo era algo diferente para ambos".

Nível 1: encontrando-se, saindo juntos e fazendo sexo

Vocês se encontraram e estão passando tempo lado a lado. Qualquer um dos dois pode iniciar o processo, mas ambos fazem um plano juntos. Você aparece. Ele aparece. Vocês ficam no apartamento, saem para caminhar, jantam, assistem a um filme, saem de bicicleta ou encontram amigos. Vocês gostam um do outro. Algumas mulheres só fazem sexo no segundo ou terceiro encontro. Outras esperam até que as coisas fiquem um pouco mais firmes. Depois disso, se vocês estiverem interessados em uma relação monogâmica e não estiverem dispostos a fazer parte da lista de rodízio de ninguém, vocês desejarão conversar para deixar as coisas claras para ambos.

Se vocês concordarem em apenas se encontrarem, tudo bem. Vocês buscam mais intimidade, se comunicam, trocam olhares, contam piadas e discutem interesses mútuos. Se tudo isso está acontecendo, com alguma frequência, vocês estão definitivamente no nível 1.

Parabéns! Contudo, se a situação continuar a mesma por três meses ou mais, não espere que essa relação vá muito além disso.

Atenção: uma mulher alfa poderá tentar impor a própria agenda depressa demais. Ela gosta dele e acha que, pelo fato de ela querer que ele entre nesse barco, ele terá o mesmo desejo. Nesse caso, você precisará ouvir o que ele tem a dizer e evitar ficar impaciente. O tempo dirá.

Nível 2: começando a se conhecer melhor

Esse estágio envolve a estabilidade e a frequência do seu parceiro. Se vocês veem um ao outro de maneira esporádica ou infrequente, não estão nele. (Volte ao nível 1.)

No nível 2, mesmo que não saibam exatamente quando terão a oportunidade de se encontrar, ambos sabem que isso acontecerá. É um fato. Seus encontros são frequentes (pelo menos uma e, provavelmente, duas ou três vezes na semana). Os finais de semana juntos são uma certeza. Talvez vocês façam planos casuais: ir à casa do outro, passar o dia juntos. "Vamos sair para um *brunch* no domingo?" "Ligue quando terminar de trabalhar e a gente sai para jantar."

Uma vez que esse tipo de namoro é mais sério, pode resultar em claustrofobia da relação, e um dos dois pode sentir que precisa de espaço. Vocês estão ignorando as mensagens de texto um do outro? Algum de vocês está cancelando os planos no último minuto? Você tem certeza do que ele está fazendo no sábado à noite? Ele não tem certeza do que *você* está fazendo? As coisas podem estar caminhando depressa demais. É possível que vocês não estejam tão seguros em relação aos próprios sentimentos, ou que um de vocês (ou até os dois) tenha(m) problemas com intimidade, mesmo que em grau reduzido. Fique atenta(o).

Uma vez que já namoram há três ou seis meses, o casal precisa concordar com o objetivo dessa relação. Agora você já sabe que gosta dele e, basicamente, quer descobrir se ele deseja o mesmo que você para o futuro. Ele está interessado em namorar outras pessoas a essa altura? Ele gostaria que vocês dois passassem mais tempo juntos? Descobri que muitas mulheres têm um problema nessa etapa. Algumas alfa fingem se sentir confortáveis com uma dinâmica típica do nível 1. Uma mulher que está prestes a entrar na faixa dos 30 anos e que comanda a própria, e bem-sucedida, cafeteria afirma ter medo de perguntar ao namorado o que ele realmente quer: mais tempo juntos. Ela diz: "Em termos sexuais, não tenho problemas em ser direta. Não me sinto emocionalmente vulnerável na cama. O que me assusta é ter de perguntar sobre outras coisas, como sair no sábado à noite."

Ao lado dos amigos, ela analisa o comportamento do namorado. O que ele quis dizer ao falar aquilo? E o que você acha disso? Ela tem medo de perguntar diretamente a ele, pois talvez ele diga algo que ela não deseja ouvir. Em vez disso, ela continua a fantasiar e a esperar pelo melhor. Contudo, não seria melhor saber a verdade? De fato, você pode não querer escutar o que ele tem a lhe dizer, mas prepare-se, reúna toda aquela ousadia alfa que há dentro de você e enfrente a situação. Você precisa saber qual é a realidade do casal.

Enquanto isso, as beta – que são boas comunicadoras depois que começam a falar – precisam ter cuidado com sua inclinação para falar de modo indireto, o que pode levar a mal-entendidos que frustrarão os dois. Não fique fazendo rodeios e esperando que ele entenda o que está na sua mente; seja direta e honesta, mesmo que lhe pareça desconfortável. Lembre-se: você está estabelecendo um padrão na relação e certamente não deseja se tornar uma parceira muda.

A melhor resposta que você pode obter de um homem de quem você gosta nesse nível seria algo mais ou menos assim: "Eu realmente gosto de você, e quero passar mais tempo ao seu lado para conhecê-la melhor".

Nível 3: vida de casal básica

Vocês são monogâmicos; ambos já deixaram os sites de relacionamento. Vocês veem um ao outro tanto quanto possível e, definitivamente, ficam juntos nos finais de semana. Fazem sexo regularmente e têm conversas pessoais. Conforme se conhecem melhor, surgem desavenças ocasionais. Ele se esquece de ligar depois daquela grande apresentação sobre a qual você lhe falou; você se irrita quando ele não limpa a cozinha depois que você fez todo o jantar. Você ou ele passa o jantar usando o celular. (Esta última é ruim!)

Vocês estão começando a conhecer os amigos um do outro. Você é o par dele nos casamentos dos amigos dele. É possível que ambos estejam prestes a encontrar os pais um do outro, caso eles vivam na mesma cidade. Vocês se conhecem bem e demonstram confiança suficiente para compartilhar informações pessoais que não são tão dignas de orgulho: talvez você se sinta intimidada pelo seu chefe e tenha medo de perder o emprego; quem sabe um de seus parentes (irmão/irmã/mãe/pai) tem um problema sério ou uma doença.

Cada um vive a própria vida, mas nunca faz planos pessoais para o final de semana sem consultar o parceiro. Vocês conversam e trocam mensagens todos os dias, provavelmente várias vezes. Vocês sabem o que está acontecendo na vida um do outro e oferecem apoio e conselhos. Ambos se sentem relaxados quando estão juntos e percebem quão reconfortante é a intimidade. O sexo é bom e talvez fique ainda melhor conforme o casal compartilhe mais de suas fantasias. Vocês pesquisam sobre ideias para viagens e se sentem entusiasmados em planejar suas primeiras férias juntos.

Nível 4: coabitação

O enredo se torna mais consistente. Se vocês decidirem morar juntos, tratem essa opção como algo que merece muita discussão e consideração. A ideia de compartilhar espaço por mera conveniência, do tipo "meu contrato de aluguel vai vencer, então a gente *bem que poderia* unir forças" é péssima. Aliás, esse "bem que poderia" não é bom o suficiente. Perguntem um ao outro: por que exatamente estamos tomando essa decisão? Seria por conveniência, para economizar dinheiro? O casamento está próximo? Certifiquem-se de que as respostas sejam as mesmas.

Um cliente meu, Mitchell, quase entrou em uma fria quando sua namorada Dana, que vivia longe, disse que queria se mudar para a casa dele quando veio para o leste do país no verão para um estágio de especialização. Na época, ele tinha sérias dúvidas sobre o relacionamento, mas concordou com a mudança. Então, ele se viu em um terrível dilema. Ele de fato não queria que ela morasse com ele, mas também não estava emocionalmente preparado para terminar com a namorada. Conforme a data da mudança se aproximava e o nível de ansiedade dele se elevava, ele estabeleceu um diálogo sobre a razão pela qual a relação deles não funcionava e, no final, ambos concordaram em terminar. Mitchell é um beta muito simpático. Alguns alfa não teriam pensado nada especial sobre isso, mas isso não se aplica a ele.

Coabitação é um assunto sério. Talvez nem tanto quanto o casamento, mas, se o casal se separar, é possível que o processo seja tão complicado e doloroso quanto um divórcio. É como brincar de casinha, mas com consequências. Às vezes as pessoas concordam na decisão de morar juntos porque compartilham do "mito do compromisso". Vivendo no mesmo lugar, eles poderão dizer que estão "meio casados" e deixar a questão do casamento para depois. Também é possível que ambos os parceiros tenham visões completamente distintas em relação à ideia de dividir uma casa: um vê a solução como mera conveniência; o outro a considera um passo adiante em direção ao compromisso e ao casamento. Entretanto, no final, esse equívoco pode eclodir bem no seu nariz.

Dois anos antes do casamento, Yvette e Roger, ambos prestes a entrar na faixa dos 30 anos, resolveram morar juntos. "Isso foi uma necessidade para nós antes de podermos nos casar", ela disse. Desde o dia em que se conheceram, em 2006, até 2009, o casal manteve um relacionamento à distância. "Viver juntos nos ajudou muito," acrescenta Yvette. "Entretanto, devo dizer que o processo não foi assim tão tranquilo e maravilhoso."

Desde jovem, Roger sempre foi muito independente e trabalhou duro para garantir um salário regular. Morar com a namorada coincidiu com sua decisão de parar de trabalhar para se dedicar exclusivamente às aulas de *design*, de modo que, com o tempo, ele pudesse finalmente abrir o próprio negócio. Yvette se ofereceu para apoiá-lo, responsabilizando-se por todas as despesas. Ela diz: "Eu me sentia feliz em fazê-lo, pois estava ascendendo financeiramente e tinha plena condição de arcar com tudo. No entanto, embora Roger sempre tivesse me apoiado e se sentido orgulhoso do meu sucesso, depender de mim financeiramente foi um ajuste muito complicado para ele. Não tenho certeza de que ele se sentiu confortável naquela situação".

Não demorou muito para a tensão entre eles começar a aumentar. "Como a parceira responsável pelas despesas, que, por acaso, também era uma alfa", explica Yvette, "sei que assumi a posição de tomar as decisões executivas do casal, do tipo, quando chamar uma faxineira ou redecorar a casa e também relativas às finanças domésticas. Eu provavelmente deveria tê-lo envolvido mais nas decisões, e sei que nem sempre fui justa, mas eu controlava o dinheiro. Tive de aprender a incorporá-lo nas decisões que afetavam o casal, e esse foi um grande ajuste para mim."

Toda a experiência de viver juntos foi um período de ajustes e compromisso para ambos. Yvette diz: "Eu viajo muito por causa do trabalho, e isso é algo que não posso mudar por enquanto, infelizmente. Além disso, eu não sei cozinhar e prefiro contratar alguns serviços como faxina e passar roupas, que consumiriam muito do meu tempo. Isso, de certo modo, foi contra as expectativas de Roger de viver com uma namorada/noiva/esposa que fizesse todas as coisas que as mulheres geralmente fazem. Chegar a um termo comum não foi fácil para nenhum de nós".

O casal enfrentou os dois anos de teste de coabitação com uma sensação básica de que as coisas funcionariam para ambos. "Foi um grande risco, mas sempre soube que Roger realmente queria se casar", afirma Yvette. "Ele é bem tradicional nesse aspecto." Mesmo assim, o casal decidiu fazer quase um ano de aconselhamento pré-conjugal antes do casamento. Era preciso resolver algumas questões que ainda afetavam Roger. "Essas sessões de aconselhamento foram uma experiência dolorosa e, ao mesmo tempo, uma extraordinária lição de humildade," afirmou. "Isso nos ajudou em aspectos que nem mesmo a vida conjunta havia colaborado."

Olhando para trás em seu casamento de dois anos, Yvette diz: "Trabalho no setor bancário, e antes de conhecer Roger eu me sentia atraída por homens alfa. Contudo, eles eram apenas um reflexo de mim mesma, e eu não percebia que eles eram incrivelmente egocêntricos. Eu sabia que precisava de alguém que me completasse e sabia do que gosto e o que é importante para mim. Eu amo Roger e sei que ele me ama como ninguém jamais amou. Ele é absolutamente cuidadoso e atencioso comigo, além de muito sexy. Nós completamos um ao outro".

Para Yvette, a coabitação foi uma estratégia cuidadosamente planejada. Ela avaliou os riscos antes de tomar a decisão e achou que as chances de sucesso eram reais. Todavia, muitas mulheres alfa e beta cometem o erro de pressupor que a coabitação levará ao casamento. Já os homens são mais inclinados a ver esse tipo de arranjo como uma experiência, um teste; como um meio de se acostumar com a ideia de assumir um compromisso. Antes de qualquer um aparecer na casa do outro com as malas na mão, um gato ou até um sofá, certifiquem-se de conversar sobre o assunto para que ambos tenham certeza em relação às motivações, às razões e às expectativas do casal. De outro modo, como afirma a psicóloga Meg Jay, esses casais vão operar dentro do princípio do "deixar rolar, sem decidir". No entanto, conforme deslizam de um estágio para o próximo – (1) namorar; (2) passar a noite juntos; e (3) morar na mesma casa –, eles poderão pular etapas importantíssimas que vão muito além das alianças e do buquê, ou seja, as que incluem discussões importantes e honestas sobre objetivos e expectativas.

Foi isso o que aconteceu com Amy. Depois de terminar a pós-graduação em Direito, na cidade de Boston, em Massachusetts, Amy planejou se mudar de volta para sua cidade natal, Nova York, para assumir seu primeiro emprego como advogada. Seu namorado, Max, vivia em um apartamento no Brooklyn, então a pergunta era se a jovem deveria se mudar para lá ou conseguir um lugar próprio. Amy acreditava que os dois deveriam morar juntos, afinal, eles já namoravam havia mais ou menos seis meses. Além disso, seu novo emprego exigia bastante, e morar com ele facilitaria as coisas.

Amy estava muito apaixonada e acreditava que esse também fosse o caso de Max. Eles eram sexualmente compatíveis; ambos eram do tipo atlético, adoravam atividades ao ar livre e já haviam se inserido no círculo de amizades um do outro. Todos que eles conheciam os consideravam um casal. Nenhum dos dois demonstrava interesse em procurar outra pessoa, e Amy tinha certeza de que um dia os dois se casariam e teriam filhos. Em sua mente, eles já estavam na metade do caminho para o altar.

Contudo, depois de já estarem vivendo juntos por algum tempo, de modo casual, Amy levantou a questão de os dois assumirem um compromisso mais sério. Ela imaginou que isso seria algo normal. Agindo sempre de maneira direta, Max gentilmente lhe disse que não estava pronto. Para ele parecia muito cedo para tomar essa decisão; casamento era uma decisão muito séria e os dois ainda estavam se conhecendo e curtindo a relação. Por que apressar as coisas? Amy se sentiu chocada e confusa ao descobrir que embora o casamento estivesse claramente em seu futuro, isso não acontecia com Max.

O casal cometeu o erro comum de não discutir suas expectativas e o que significava para cada um deles viver juntos. Esse é um exemplo perfeito de duas pessoas fora de sincronia em suas ideias e em seu ritmo.

Conforme tentaram conversar sobre esse conflito, o nível de tensão cresceu até que Max finalmente admitiu que não tinha certeza de que eles fossem a melhor combinação para uma vida inteira. Então, aquilo se revelou ainda pior do que Amy havia imaginado. "Depois de todo esse tempo?", ela disse. "Em que sentido?" Mais uma vez, do seu jeito gentil, mas honesto, ele disse a ela que Amy não era a parceira que ele imaginava para sua vida. "Diga-me o que exatamente quer dizer com isso", ela pressionou.

"Preciso de alguém que me desafie", explicou ele. "Você é muito aquiescente." Ela sabia de sua tendência a ser amoldável e de detestar confrontos. Não posso mudar isso em mim mesma, ela pensou, devastada ao perceber que ele estava desapontado com ela. Pior, ela foi pega totalmente de surpresa com aquela confissão. Então, depois de muitas lágrimas e discussões, e de um profundo exame de consciência, Amy terminou o relacionamento e foi morar com uma amiga.

Quando Amy e eu conversamos, ela percebeu que Max não era alguém que pode ser persuadido a fazer algo para o qual ainda não está pronto. Isso mostra sua integridade; além disso, ele fora honesto e verdadeiro com ela. Por fim, Amy decidiu que, embora ainda o amasse, ela precisava começar a namorar novamente e tentar superar a situação. Depois de tomar essa decisão, ela ainda chorou por muitas noites, mas eu sabia que ela era uma jovem forte e que se sairia bem. Poucas semanas depois, ela se inscreveu no site de relacionamentos Match e começou a namorar.

Então, de repente, do nada, Max ligou. Ele sentia sua falta e gostaria de tentar novamente. Eu achei que ele precisava ser absolutamente claro, e disse a ela o seguinte: "Você não pode se transformar em algo que não é somente para agradar a outra pessoa. Você nunca será a mulher desafiadora que ele imaginou. Você tem ótimas qualidades que ele realmente deveria apreciar, como sensibilidade, facilidade de se relacionar com as pessoas e senso de humor. Max precisa amá-la por aquilo que você é".

No final, acho que Max respeitava Amy por ser honesta consigo mesma. Ela realmente não era do tipo confrontador, mas também não era tão transigente a ponto de não se defender ou de tentar alterar sua personalidade básica apenas para agradá-lo.

Amy e Max decidiram dar uma nova chance para a relação. O acordo foi o seguinte: qualquer um poderia sair da relação e eles não viveriam juntos até que Amy pudesse ter uma aliança no dedo. Ao longo dos meses seguintes, o casal reconstruiu seu relacionamento sobre uma nova base de compreensão e respeito mútuos.

Nesse caso, uma crise gerada pela coabitação acabou levando o casal a compreender e comunicar suas verdadeiras necessidades e seus reais objetivos. Amy e Max já estão casados há alguns anos. Ele se tornou menos crítico e mais tolerante (ótimas qualidades beta para um homem puramente alfa!) e aprendeu a valorizar o jeito sensível e gentil da esposa. Ela, que jamais foi impositiva, tornou-se menos tímida no que diz respeito a dizer o que desejava (uma atitude alfa saudável para uma mulher essencialmente beta).

Discutir e compreender a situação antes de morar com outra pessoa pode evitar muita dor e confusão ao longo da jornada. Coabitar um espaço não é sinal de compromisso oficial, mas, para seu próprio bem, é preciso ter certeza de que o casal interpreta a situação da mesma maneira.

Algumas vezes os casais querem parar no estágio de coabitação. As pessoas têm muitas razões para decidir evitar o casamento no papel. Mais uma vez, é preciso entender seus motivos. Miranda e Larry, ambos na faixa dos 30 anos, são um casal desde a metade do ensino fundamental e moram juntos há uma década. Miranda não vê razão para se casar oficialmente. "Não acho que o casamento seja a resposta para nós", ela diz. "Politicamente, não quero ser forçada a definir quem é a minha família. Deveríamos poder fazer o que quiséssemos, sem um casamento oficial." Ao mesmo tempo, para todos os propósitos e finalidades, ela é casada. Apenas não legalizou a situação.

Miranda, que apresenta níveis similares de alfa e beta, é uma mulher determinada a fazer as coisas à sua maneira. Sendo a caçula de duas irmãs, ela viu a própria mãe, uma mulher controladora e voltada para o lar, concentrar-se em suas filhas. "Ela interferia demais", diz Miranda. "Suas filhas eram o seu trabalho e também o seu *hobby*. Ela desejava ter outro filho depois de mim. O casamento dos meus pais é um mistério; eles não vão a lugar nenhum nem fazem nada juntos." Miranda afirma que sua mãe é hipocondríaca, e teme que ela esteja profundamente depressiva. Ela acredita que a mãe transforma a própria infelicidade em sintomas físicos crônicos, sem base fisiológica. Casamento e filhos, como opção de vida, não parecem uma ideia atraente para Miranda.

Miranda tem medo de ficar como a mãe, mas não tem certeza de que conseguirá evitar isso. Ela vive um conflito, uma vez que ama a mãe. "Sei que se não me casar e não tiver filhos ela ficará desapontada. Entretanto, digo a mim mesma que minha irmã fez exatamente isso e as duas entraram em um acordo. Então, creio que preciso fazer o que eu acho certo."

Conforme se prepara para adentrar na casa dos 30 anos, ela se empenha em realizar a tarefa-chave para essa década: desenvolver sua identidade pessoal, o que inclui seus padrões de moralidade, suas necessidades sexuais, seu sistema de crenças e seu foco no trabalho. Para mulheres como Miranda, a ideia de casamento e filhos parece ameaçadora para a própria identidade, tão difícil de estabelecer. Ela não quer abrir mão de quem é para se tornar aquilo que a sociedade define como mãe. Uma mulher com questões complexas precisa resolvê-las antes de descobrir com certeza qual será sua melhor escolha na vida.

Miranda trabalha para uma organização de direitos das mulheres e seus pais, bastante conservadores, a apoiam. Mesmo assim, ela diz: "Sou a pessoa mais diferente em minha família. Sou a única que trabalha em um escritório e também a única que pensa em questões mais amplas da sociedade". Ela admite que, mais que pela própria mãe, ela sente profunda admiração pela tia da mãe e também pela mãe de Larry, ambas bem-sucedidas no trabalho.

Recentemente, Miranda e Larry conversaram sobre ter filhos. Miranda sempre disse que não queria crianças, mas, dessa vez, ao reiterar sua posição, Larry respondeu sem surpresa, "Tem certeza?". Ele sempre achou que fosse "apenas algo que as pessoas fazem, e que provavelmente também faríamos algum dia", diz Miranda, rindo. "Ele não tentaria me convencer do contrário. De fato, ele mesmo não pensa seriamente nisso."

Miranda e Larry têm a mesma ascendência étnica e também os mesmos valores. O beta nele é mais elevado que nela, e ela teve de empurrá-lo para que ele colocasse em ordem sua vida profissional. "Não é minha responsabilidade dizer a ele o que fazer", afirma. "Entretanto, ele ficava pulando de emprego em emprego, e isso estava se tornando um hábito. Então, eu disse a ele: 'Ei, sua metade do aluguel precisa ser paga, meu amigo!' Não sei se ele teria chegado onde está hoje se eu não o tivesse incentivado, mas, em última análise, ele de fato tirou vantagem de algo que praticamente lhe caiu do céu. Ele é muito ético no trabalho e hoje supervisiona uma equipe de funcionários."

No relacionamento deles, ela considera que "é preciso cuidar de si mesmo, o outro não deve precisar cuidar de você. Muitas das ideias que as pessoas têm sobre a vida se baseiam em não repetir as atitudes dos pais. Eu costumava ver meu pai entregando o dinheiro para minha mãe, para ela cuidar da casa e das contas, e aquilo me deixava muito incomodada. É muito humilhante.

A neutralização do desvio de gênero – quando uma mulher que sustenta a casa trabalha mais que seu parceiro em casa – ainda se evidencia no caso de Miranda e Larry, embora ela lute de maneira consciente para evitar essa armadilha. "Quando Larry não estava trabalhando e eu chegava em casa e encontrava os pratos sujos na pia, a disparidade era muito grande. Eu ficava irritada. Mesmo agora que ele está mais ocupado, ainda tenho mais trabalho que ele. Ele se sente no direito de não fazer tanto quanto eu. Eu pergunto a ele, 'Quando foi a última vez que você lavou o banheiro?' Ele entra na defensiva e diz: 'O que você quer dizer com isso?' Então ele vai lá e faz. A mãe dele, que é feminista, certa vez me pediu desculpas por não tê-lo ensinado a cozinhar!"

Miranda acha irônico que sua melhor amiga esteja seguindo o caminho tradicional do casamento. "Ela sempre me diz quanto se sente feliz por me conhecer, porque eu sou diferente." O que eu acho disso? Acho que é bom, mas um pouco assustador também. Fazer escolhas consideradas diferentes coloca você no limbo. Conforme mais amigos e colegas de Miranda se casam, ela às vezes imagina que talvez o matrimônio não seja assim tão ruim. "Seria uma enorme concessão para mim, mas se Larry considerasse crucial, é algo que poderíamos negociar."

Miranda é mais que capaz de negociar o casamento dentro dos próprios termos, desde que ela tenha certeza de que não estará seguindo os passos da mãe. Sua autoconfiança esconde muita ansiedade sobre as questões de casamento e filhos. Oriunda de uma família tradicional e disfuncional, ela se sente mal por causa do relacionamento dos pais e, em especial, pela mãe. Por um lado, ela ama a mãe, mas, por outro, ela precisa rejeitá-la como modelo, pois não quer ser igual a ela – mas isso soa desleal. Vivendo esse conflito, Miranda faz questão de pedir a opinião de sua mãe em questões do trabalho – coisas sobre as quais ela tem certeza de que a mãe não entende nada.

Miranda precisa estar ciente de que, em decorrência de seus sentimentos controversos em relação à mãe, ela poderá acabar se envolvendo em uma gravidez não planejada ou em um casamento prematuro: uma maneira inconsciente de facilitar ou resolver o extremo desconforto do conflito. Isso significa que, em vez de solucionar a questão, Miranda poderá agir sem perceber o que está fazendo. O único modo de evitar esse resultado é estar consciente de seu conflito, de modo que consiga fazer escolhas claras e conscientes – não confusas e inconscientes.

As escolhas de Miranda são pessoais e também políticas. Do modo como está, ela tem um relacionamento sólido e carinhoso, o que dá a ela uma base segura sobre a qual tomar as melhores decisões possíveis para si mesma.

Nível 5: compromisso e depois

Vivemos em uma cultura de exageros que faz com que as mulheres acreditem que o casamento perfeito as levará a uma vida perfeita. Todos os dias, de manhã, à tarde e à noite, as mulheres são bombardeadas por revistas e sites voltados para o assunto. Também são vários os programas de TV especializados no tema, como *O vestido ideal, O casamento dos meus sonhos* etc.* Em alguns desses shows, as mulheres são cuidadosamente instruídas pelos gurus das celebridades a comprar, comprar, comprar até ficarem totalmente sem dinheiro.

Não é de estranhar que algumas mulheres se transformem em divas mimadas, que exigem tudo do seu jeito. Tudo isso pode realmente evidenciar as piores qualidades alfa (verifiquem novamente o questionário – alguém aí é maluca por controle?). Veja a seguir alguns conselhos saudáveis: considere se o seu futuro marido se tornou apenas parte do processo de organização e decoração do evento; assegure-se de que vocês dois tenham tempo de qualidade juntos para discutir sobre o planejamento da cerimônia e, o mais importante, sobre a vida do casal. Lembre-se de que o crucial nisso tudo é sua relação. Reservem também algum tempo juntos toda semana para falar sobre outras coisas, prometendo um ao outro não tocar nos planos de casamento.

Não dê tanta importância a todo o burburinho e *glamour* dos matrimônios. Em vez disso, concentre-se em buscar informações e fazer descobertas importantes sobre o tema. Nos Estados Unidos, uma boa sugestão é acessar o site do Council on Contemporary Families (Conselho para Famílias Contemporâneas – CCF), no qual é

---

* Exibidos no Brasil em canais de TV a cabo. (N. T.)

possível obter informações sobre casamentos igualitários. Segundo Stephanie Coontz, diretora de pesquisas e educação pública do CCF, nos anos 1950 a melhor chance de um futuro feliz para as mulheres seria um bom casamento com um parceiro tradicional que se responsabilizasse por sustentar a casa. Hoje, o homem tradicional (leia-se: o alfa conservador e antiquado) enfrenta uma chance muito maior de divórcio que os homens sobre os quais tenho falado – aqueles que valorizam uma parceria igualitária, ou seja, os novos beta! Ótimas notícias para todos.

Mantenha essa ideia em mente e não deixe que sua alfa se perca em meio a toda essa "noivalização" (as conhecidas "bridezillas"). Um noivo com quem conversei começou a ter crises de pânico quando percebeu que sua futura esposa estava adentrando no mundo dos casamentos espetaculares. Ele se sentia sobrecarregado ao ver que seu relacionamento estava ficando em segundo plano diante de convites com detalhes em ouro, bolos de sete camadas e arranjos de flores em quantidade suficiente para decorar um estádio de futebol. Lembre-se: o negócio de casamento é exatamente isso: um *negócio*. Entretanto, o casamento deveria ser um evento para o casal celebrar seu amor e sua parceria ao lado de parentes e amigos especiais. Muito simples, não é?

Em decorrência das enormes pressões sofridas durante o período de noivado, os problemas de um casal podem se evidenciar de maneira dramática. Depois que meus clientes Peter e Eva se tornaram oficialmente noivos, eles quase se separaram. Fiquei assustada quando Eva me disse em um tom conspiratório enquanto Peter estava no banheiro: "Eu realmente quero um supercasamento". Por que ela estaria me dizendo isso na ausência do noivo? Como Peter se encaixaria em seus planos? Eva, uma executiva do setor de relações públicas, era uma alfa ambiciosa e totalmente determinada, acostumada a impor os próprios planos, tanto no trabalho como em sua vida pessoal. Eu a conhecia bem o suficiente para saber que quando queria alguma coisa, ela geralmente a conseguia.

Como parceiro nas núpcias, o futuro marido deveria vir primeiro, mas Eva não estava dando a mínima atenção à dinâmica do relacionamento. Em vez disso, ela mergulhou de cabeça no planejamento do evento e, deixando-se levar pela onda da excitação e da autoindulgência, passou a organizar uma festa de gala para 300 convidados, que incluía um jantar formal e uma banda com doze integrantes. Peter, um arquiteto, contribuiu ouvindo gravações de bandas e acompanhando a noiva a salões de festa. Eva não sabia, entretanto, que, em segredo, seu noivo mantinha uma planilha de gastos e ficava cada vez mais agitado à medida que ela esbanjava dinheiro em elaborados arranjos florais e gargantilhas da Tiffany para suas sete madrinhas. Como homem com fortes traços beta, ele era de longe o mais prático e cauteloso do casal; ele acreditava que ambos deveriam poupar para dar entrada em uma casa.

Como alfa, Eva sabia perfeitamente como se mostrar indiferente às preocupações alheias quando queria. Ela se sentia ainda mais autoconfiante e justificada pelo fato de sua carreira estar em ascensão. Por que ela não deveria ter o casamento dos sonhos? Enquanto isso, Peter começou a perceber – e de maneira correta – que aquele casamento estava evidenciando suas diferenças em relação a questões financeiras e planejamento para o futuro. Ele chegou a dar algumas dicas sobre isso, aqui e ali, mas Eva conscientemente as ignorou e seguiu adiante. Peter ficou preocupado com o fato de seus valores serem tão diferentes, mas ele a amava e sofria para decidir quando e onde apresentar suas preocupações, adiando a conversa até o momento em que Eva estava prestes a fazer um depósito caríssimo para um enorme espaço para festas. Finalmente, ele resolveu intervir e dizer a Eva que aqueles gastos eram absurdos e que não aceitaria mais aquela situação.

A coisa explodiu. Eva ficou absolutamente surpresa pela maneira diligente com a qual ele revogou o que supostamente teria sido uma carta branca para despesas. A atitude de Peter era paradoxal. Ela o acusou de ser pão-duro e chato e, inclusive, ameaçou romper o noivado. Teriam eles chegado tão longe apenas para descobrir que havia um oceano entre os dois? Talvez. Ambos sabiam que seu relacionamento estava em risco, e que se não fossem capazes de resolver aquela situação, o futuro estaria condenado.

Depois da discussão, cada um deles agiu dentro do que estava acostumado a fazer. Eva tentou intimidá-lo e chorou. Peter tentou ser racional. Eles chegaram a conversar novamente, mas recuaram. Os dois estavam cientes de que amavam um ao outro, mas a lacuna que se abrira em sua relação – por causa da tendência de Eva dominar o companheiro e de Peter aceitar a situação para agradá-la – estava se ampliando.

Não foi fácil, mas ao longo das semanas seguintes, depois de suspender todas as decisões relacionadas ao casamento – inclusive o aluguel do espaço para a festa –, eles finalmente conversaram e resolveram a situação. O desastre foi evitado depois que ambos externaram seus pontos de vista e, no final, decidiram reduzir os custos do casamento e economizar 10% do valor previamente combinado para dar entrada em um imóvel.

Em última análise, o casal achou que aquele acordo havia reforçado sua parceria. Eles gastaram mais no casamento do que Peter desejava, mas Eva investiu menos do que planejava. Entretanto, a grande realização de ambos foi o fato de terem voltado a se concentrar na razão pela qual estavam se casando. Aquela luta pelo poder acabou ajudando o casal a se lembrar do que realmente importava para os dois.

O que realmente *é* importante

Independentemente de vocês estarem (1) vivendo juntos e terem planos para se casar, (2) vivendo juntos e noivos ou (3) vivendo separadamente e discutindo a ideia de se casar, os pontos do checklist apresentados na sequência deveriam lhes dar uma ideia de quão próximos vocês estão de um verdadeiro compromisso.

- O sexo entre vocês vai de bom a ótimo.
- Ambos já conhecem a família um do outro.
- Vocês conhecem os amigos um do outro.
- Vocês têm vidas independentes, mas passam grande parte do tempo livre juntos.
- Vocês falam um com o outro sobre problemas pessoais e profissionais.
- Vocês já discutiram várias vezes sobre coisas, grandes e pequenas, que incomodam aos dois assim como sobre as expectativas em relação ao outro. E, embora isso possa não ter sido fácil, vocês respeitaram o ponto de vista um do outro. Felicity diz: "Rick é surfista e, quando ele era solteiro, levantava-se às cinco da manhã para ir à praia. Por fim, eu disse, 'não me importa se é hora de surfar. Eu não quero que você vá agora. É importante para mim que você fique comigo na cama.' Ele compreendeu, mas eu precisei ser explícita e dizer a ele o que eu precisava que ele fizesse. As pessoas precisam alterar sua rotina, afinal, não se trata mais de dois indivíduos simplesmente vivendo juntos, agora eles são parceiros. É um péssimo sinal quando as pessoas não conseguem fazer o que é importante para a outra".
- Vocês reconhecem perfeitamente as falhas um do outro, mas não esperam perfeição do parceiro. "Não existe homem ideal",

diz uma jovem de 29 anos que vive com o namorado. "Eu encontrei um homem que é carinhoso, atencioso e que me faz sentir uma pessoa completa, portanto, não preciso que ele seja um astro do rock."

- Vocês já conversaram seriamente sobre o futuro e ambos compartilham a mesma visão da vida. Todos os tópicos importantes já foram discutidos: dinheiro, sexo, estilo de vida, família, amigos, filhos e religião. Uma vez que divergências em quaisquer desses âmbitos podem levar a problemas conjugais e tensões, é melhor enfrentá-los agora, assim vocês poderão descobrir em que áreas existe consenso e em quais aspectos ainda podem ocorrer conflitos. Se as discussões se tornam calorosas, parabéns! Eu aplaudo todos os casais que se arriscam a explorar o desconhecido. O que quer que façam, não evitem esses assuntos: mesmo que tenham medo de trazer à tona questões complicadas, é provável que ambos descubram que são capazes de negociar diferentes perspectivas.
- Vocês conversam sobre o casamento. Se ele for do tipo mais tradicional, desejará fazer o pedido – mas isso não será uma surpresa. De fato, será mais uma questão de *quando* que de *se*.

Assuntos complicados

Se você tem assuntos complicados, esse é o momento de discuti-los – e é aqui que o seu alfa poderá brilhar. Você nunca encarou uma questão difícil que realmente a tenha assustado. Lidar com tópicos problemáticos requer uma discussão honesta e direta. Nesse caso, sua atitude provavelmente será: "Por que se esquivar? Vamos falar logo sobre o assunto". Melhor ainda se você conseguir combinar sua coragem a uma postura atenciosa de ouvir (uma habilidade positiva beta), tudo ficará bem. Não entre em pânico, mesmo que venham à tona questões difíceis que não possam ser resolvidas unicamente pelo casal. Vocês poderão consultar um terapeuta especializado em casamentos para que ele os ajude a compreender melhor qual é a situação. Terapias de curto prazo antes do casamento são um ótimo investimento. Então, reúnam seus alfas e confrontem o problema imediatamente.

Um ótimo exemplo de assunto complicado é a religião, que gera problemas para muitos casais em que os cônjuges professam fés diferentes. Com o aumento no número de casamentos entre pessoas de religiões distintas (de acordo com uma pesquisa de 2010, realizada pela escritora e editora norte-americana Naomi Schaefer Riley, o percentual atual nos Estados Unidos é de 42%), vejo muitos casais serem pegos de surpresa por problemas que jamais esperaram enfrentar. Dois de meus clientes alfa mais resolutos e teimosos, Zoe, de 34 anos, e Luke, de 31, vieram ao meu consultório com um dilema. Embora esse casal oficialmente comprometido tivesse muitas coisas em comum – fortes laços familiares, visões similares em relação ao dinheiro e compatibilidade sexual – havia uma única exceção crucial: religião. Zoe vinha de uma família que seguia as tradições judaicas, enquanto Luke havia sido criado no catolicismo. Ela sempre acreditou que seus filhos seriam criados como judeus e frequentariam uma escola judia juntamente com os filhos de seus irmãos. Aliás, para Zoe, o próprio Luke se converteria ao judaísmo.

Foi Luke quem deu o primeiro passo e levantou a questão religiosa. Uma vez que iniciaram a discussão antes de conversarem comigo, ambos estavam cientes de que não seria nada fácil chegar a um acordo. O fato é que Zoe estava muito mais envolvida com sua religião que Luke com a dele. Além disso, Zoe também tinha mais certeza da própria visão da vida que seu noivo. Luke, entretanto, tinha uma personalidade forte e sabia como defender sua posição; embora não fosse religioso, sentia que o catolicismo fazia parte dele.

"Eu posso concordar com o fato de nossos filhos serem judeus", disse Luke, "mas não vou aceitar que eles frequentem uma escola judia." Zoe hesitou – aquilo era muito doloroso – mas concordou em abrir mão da escola, desde que as crianças fossem criadas dentro da fé judaica. Luke, por sua vez, afirmou que aprenderia mais sobre o judaísmo e participaria de suas celebrações religiosas, mas que também gostaria que toda a família fosse à missa no Natal e, inclusive, tivessem uma árvore em casa. Zoe não gostou muito da ideia, alegando que se sentiria desconfortável em frequentar a igreja e que as crianças ficariam confusas, mas aceitou celebrar o Natal e a Páscoa ao lado da família de Luke.

Durante uma sessão, Luke discretamente se abriu em relação aos próprios sentimentos, dizendo que sua noiva estava negando a importância da educação religiosa dele. Ele estava disposto a participar das crenças dela (sem, entretanto, se converter), mas queria que seus filhos também tivessem acesso àquilo que importava para ele.

A habilidade daquele casal em ouvir de maneira respeitosa e compreender o ponto de vista alheio acabou reforçando sua relação. Zoe entendeu que, ao se casar com alguém que não professava a mesma fé religiosa, ela precisaria abrir mão de algumas coisas; Luke, por sua vez, também teve de lidar com sua opção de se casar com uma mulher cuja identidade religiosa era diferente. Zoe soube perfeitamente advogar a seu favor, mas Luke demonstrou habilidade admirável para negociar, com sensibilidade e clareza. Juntos, eles deram um salto de fé e evitaram o que poderia ter sido uma terrível disputa pelo poder. Depois de várias semanas de discussão, eles finalmente chegaram a um entendimento, sentindo que de fato haviam conseguido assegurar parte do que desejavam – como em qualquer bom negócio. O casal alcançou bom equilíbrio e tudo ficou absolutamente claro para ambos. Parabéns!

Equilíbrio e limites

Imagine um móbile grande e complicado, com várias peças penduradas em alturas diferentes, todas engenhosamente conectadas para criar um delicado equilíbrio. Algumas partes estão mais próximas entre si; outras ocupam posições mais periféricas no conjunto. Mesmo que o móbile balance com o vento, quando ele para todas as peças se realinham, voltando à configuração anterior. Agora imagine que as peças desse móbile são os membros da sua família de origem e do seu principal círculo de amigos. Em relação uma à outra, as peças representam a dinâmica de interação dos familiares e amigos que criam sua conexão emocional.

Quando entra em um relacionamento sério, você está acrescentando mais uma peça (seu parceiro) a esse móbile, o que vai desestabilizá-lo. Não se trata apenas de inserir uma nova pessoa em sua vida, mas de alterar toda a configuração que envolve a família e os amigos. Agora, o móbile precisa ser reajustado para ganhar um novo equilíbrio, o que significa uma redistribuição das peças. Novos padrões são criados e, muitas vezes, as pessoas não se dão conta disso. Contudo, uma coisa é certa: manter a configuração antiga *não* permitirá a acomodação da nova peça. Uma família saudável e adaptável reorganizará as posições para promover o tão desejado reequilíbrio.

Você e seu parceiro terão de reconfigurar todos os relacionamentos na vida de vocês, tanto nos aspectos menores quanto nos mais importantes. Talvez você seja bastante próxima de seus pais e irmãos, mas, ao colocar seu parceiro em uma posição prioritária, talvez seja necessário alterar o posicionamento dos membros da família e, assim, abrir espaço. Conflitos de lealdade, quando você se sentir dividida entre o seu parceiro e outra pessoa que lhe é igualmente importante, prejudicarão o equilíbrio do seu móbile.

Em cada estágio do ciclo da vida – quando os casais dividem um apartamento, casam-se, têm filhos, chegam à meia-idade, enfrentam doenças, perdem o emprego, celebram promoções, aposentam-se – o móbile precisa ser reorganizado. Portanto, prepare-se para ser adaptável e auto-observadora! Haverá muitos desafios à sua frente, mas é excitante imaginar que você estará conectada de novas maneiras às pessoas que ama. Quem quer ficar estagnado, afinal?

Alfas e betas lidam de maneiras diferentes com seus móbiles relacionais. Os beta, mas sintonizados com os relacionamentos, podem se revelar mais sensíveis aos sentimentos dos outros e, por conseguinte, mais passíveis a acomodar novas adições (ou subtrações). Eles percebem que as pessoas poderão ficar magoadas, e não gostam disso. Ao mesmo tempo, eles podem enfrentar momentos de tensão e, sem saber exatamente como lidar com a situação, acabam tolerando um estado de desequilíbrio. Os alfa, em contrapartida, podem se revelar arbitrários e impacientes com esses realinhamentos.

Sara é um bom exemplo dessa situação. Ela e o namorado, Owen, conheceram-se ainda na faculdade. Quando estavam na faixa dos 20 anos, cada um vivia em uma parte diferente do país, dedicando-se à própria carreira: ele é advogado; ela, médica. Sara fez residência em cirurgia, na cidade de Los Angeles, na Califórnia; Owen conseguiu um emprego em Washington, Distrito de Columbia. Ambos se consideravam um casal e permaneceram fieis um ao outro, mantendo seus objetivos profissionais sempre em foco. Recentemente, depois que ambos já haviam se estabelecido na carreira, eles se mudaram para Nova York e passaram a dividir um apartamento. Passaram, então, a discutir o noivado e o casamento.

Contudo, Sara tinha um grande problema com os pais de Owen, e sabia que ambos precisariam lidar com aquilo *antes* de seguir em frente. (Para os casados, problemas com familiares são insidiosos e representam uma das principais causas de infelicidade conjugal e divórcio.) Sara, uma alfa que em geral reagia de maneira rápida e impaciente, afirmava que os pais de Owen costumavam desprezá-la – e, pior, que Owen não a defendia. Por causa disso ela estava decidida a não considerar os pais dele como seus novos parentes. Owen se mostrou muito abalado quando discutimos o modo como Sara e seus pais brigavam por causa dele. Ele se via como o inocente espectador de uma guerra. Conforme Sara escutava e demonstrava sua irritação, ele explicava que era o caçula da família, e que sua mãe era louca por ele. "O que há de tão ruim nisso?", defendeu-se. O casal definia o problema de maneiras diferentes: Sara achava que os pais eram o problema, enquanto Owen acreditava que Sara deveria diminuir sua raiva e aprender a compreender os pais dele. Isso não os levaria a lugar nenhum.

O casal já sabia, havia algum tempo, que precisaria resolver o problema e diminuir a tensão entre Sara e seus futuros sogros. No entanto, *resolver* era uma palavra multifacetada, e cada um deles a compreendia à própria maneira. Owen achava que Sara deveria recuar e dar aos pais dele o respeito que mereciam. Sara, por sua vez, adotava uma postura de "touro em loja de porcelana" e insistia que Owen demonstrasse frieza com os próprios pais até que eles os procurassem. É óbvio que os dois significados de *resolver* eram "irresolvíveis".

"Eles são tão difíceis," reclamou Sara. "Na semana passada, explodi com eles porque eu queria planejar a festa de aniversário de 30 anos de Owen, e eles me disseram que já estavam cuidando disso. Eles praticamente sugeriram que eles sabiam o que Owen queria, eu não. Como eles ousam me tratar dessa maneira? Isso já foi longe demais!" Em nosso primeiro encontro, eu já sabia que havia deparado com uma alfa forte. Ela queria um confronto entre as três partes – ela, Owen e os pais dele. "Acho que temos de enfrentar a situação de uma vez por todas", ela disse. "Eles acham que eu estou roubando o filho deles."

Owen adorava os pais, mas havia encontrado um jeito próprio de mantê-los à distância. Embora eles ligassem várias vezes por dia, ele "nunca lhes dizia nada", então, em sua mente, ele era um homem independente. No passado, ele jamais confrontara a tendência deles de tratá-lo como um bebê. Ele detestava abordagens diretas e acreditava que ser passivo era normal, desde que não o impedissem de fazer o que desejava – como de fato não havia ocorrido até então.

Nunca ocorrera a Owen que ele era parte do problema, e eu achei que já estava mais que na hora de aquele rapaz se colocar na equação. Ele era carinhoso e estava sempre disponível para Sara, mas tinha de enfrentar sua passividade – um traço negativo comum nos beta – em uma situação que certamente demandava ação de sua parte. Então, eu desafiei sua inocência e lhe pedi que desse um passo atrás em seu comportamento e observasse como ele próprio havia perpetuado essa ambiguidade em seu relacionamento com Sara. Eu lhe perguntei: "Como você quer que seus pais tratem Sara? Como você define sua relação com Sara perante seus pais? Você deixou claro para seus pais quanto Sara é importante para você? Quando Sara e seus pais discutem, você se sente como se tivesse de escolher um lado?" Por fim, ele teve de admitir que sua separação da família estava incompleta.

Mesmo assim, nada aconteceu, e a frustração de Sara emergiu novamente. "Quero que você corte relações com eles!", exigiu.

"Com a mãe e o pai dele?", perguntei, em total descrença. "Sara, você está pedindo que Owen escolha entre você e os pais dele. Essa opção é irrealista."

Então me voltei para Owen. "Você precisa dizer aos seus pais que Sara é sua parceira e, possivelmente, sua futura esposa. Precisa dizer a eles que quer que a tratem de maneira respeitosa. Afinal, você escolheu uma mulher intensa e de gênio forte, portanto, isso é algo de que gosta e precisa. Tome emprestado um pouco da força dela e converse com seus pais."

Conforme Owen se comprometeu a agir, Sara desistiu da exigência, a princípio de modo relutante. Então, mostrando-se generosa e humilde, ela admitiu perante os pais dele que também contribuíra para a tensão e que queria se dar bem com todos. Eles ficaram tão surpresos que concordaram em trabalhar juntos a fim de resolver suas diferenças.

"Eu conseguirei lidar com eles", disse Sara, "desde que me respeitem e reconheçam o meu lugar."

Algumas semanas depois que o casal terminou a terapia, recebi uma carta que informava sobre o noivado. No final, Sara acrescentou uma nota: "Eu e a mãe de Owen jamais seremos ótimas amigas, mas todos estamos nos relacionando bem melhor".

Agora, imagine esse móbile novamente. Os pais de Owen tiveram de acrescentar Sara a ele e realinhá-lo; Sara precisou acrescentar os pais dele em sua configuração. No início, tudo parecia fora de lugar; foram necessárias coragem e sutileza para criar algo novo.

Esses problemas geralmente envolvem limites: como estabelecer um círculo ao redor do seu relacionamento, de modo que vocês se tornem exclusivos um para o outro, mas, ao mesmo tempo, consigam manter uma boa relação com as famílias de origem. Isso não é tão fácil.

A pressão existe

"Você pode encontrar coisa melhor." Essa foi a mensagem sussurrada na orelha de minha cliente durante uma festa, depois que ela apresentou o namorado para uma amiga casada. Diante daquele pronunciamento tão confiante, ela parou por um momento, horrorizada não somente pelo imediato julgamento da amiga, mas também pela possibilidade de ela estar certa. A jovem estava assustada, e o resto da noite foi completamente arruinado.

"Como você pode saber se ele será bem-sucedido?" "Você sempre ganhará mais do que ele?" "Você não acha que pode estar fazendo um casamento ruim?" Muitas mulheres alfa que escolhem homens beta deparam-se com esse tipo de perguntas, sugestões, observações ou seja lá como você prefira chamá-las. Elas partem de amigos, familiares e colegas. Você pode se mostrar sensível àquilo que os outros dizem e também ao fato de o seu escolhido estar em uma posição social inferior ou de você ter se entregado a alguém que não a merecesse. Afinal, você foi ensinada a valorizar a ambição e as realizações, e, provavelmente, também foi criada para acreditar que um homem alfa, rico e determinado, será sua melhor opção para marido.

E se ele não for o sujeito mais ambicioso do planeta? E se ele nunca estabeleceu como objetivo escalar os degraus corporativos? E se ele tiver outros valores? É um clichê, mas vamos considerá-lo de qualquer modo. O dinheiro não é tudo, tampouco o sucesso no mundo empresarial. Há mulheres executivas casadas com professores de curso primário; existem médicas cujos maridos cuidam do lar; há empreendedoras casadas com enfermeiros ou fisioterapeutas, e assim por diante.

Se as afirmações de outras pessoas a afetarem e provocarem tensões em seu relacionamento, considere o seguinte: você pode ser uma pessoa vulnerável a críticas por causa de um pai ou de uma mãe críticos – é deles a voz que escuta. Portanto, faça a seguinte autoanálise:

- Seu namorado demonstra ética no trabalho e alguma ambição verdadeira de se sair bem em seu campo de trabalho?
- Ele respeita você e compartilha os mesmos valores e a mesma visão de vida?
- Você respeita o trabalho dele?

- Vocês se divertem juntos?
- Vocês são intelectualmente iguais? Vocês compartilham interesses comuns?
- O sexo entre vocês é bom?
- Você prefere estar com ele a estar com qualquer outra pessoa?

Se as respostas para essas perguntas são afirmativas, então quem poderia julgar suas escolhas? Os outros não sabem o que é melhor para você. Quando uma cliente era questionada, repetidas vezes, sobre como ela sabia que seu noivo – que não estava no mundo corporativo – faria sucesso na vida, ela respondia: "Bem, eu não tenho certeza disso, mas eu o considero fantástico. Se precisarmos de mais dinheiro, eu corro atrás".

Estabeleça um limite invisível ao redor do seu relacionamento. Então, desligue o som das vozes discordantes em sua mente e confie nele, em si e no casal.

Compartilhando a força com homens beta

Em uma relação saudável, a força precisa ser dividida adequadamente. Ambos os parceiros precisam de oportunidades iguais para falar e ouvir. Cuidado, alfas! A parceria triunfa sobre a força!

As alfa estão acostumadas a liderar e tomar decisões – e, em geral, essa é uma qualidade positiva. Contudo, nos relacionamentos, as alfa podem se mostrar opressoras. Elas podem se mostrar teimosas até que o parceiro fique extenuado; podem diminuir ou até desprezar os argumentos do parceiro. Elas querem vencer. Já vi todos esses padrões comportamentais em meu consultório e, acreditem, eles vão interferir seriamente em sua habilidade de resolver suas diferenças.

Os terapeutas discutem a respeito de uma dinâmica chamada complementaridade negativa, na qual cada pessoa se torna uma versão extrema e calcificada de si mesmo. Em vez de ajudar o outro a melhorar, ela o acusa por suas falhas – de maneira aberta ou velada. Então uma alfa se torna dominante e controladora, em vez de liderar, e o beta se torna rabugento e ressentido, em vez de colaborativo. (Dois beta talvez precisem desafiar um ao outro um pouco mais; dois alfa talvez precisem ser menos combativos e mais dispostos a abrir mão do que querem.)

Na complementaridade positiva, os parceiros aprendem a tomar emprestadas as qualidades positivas um do outro. Nesse caso, uma mulher alfa consegue equilibrar sua agudeza e sua tendência de dominar ao tomar emprestada a habilidade do beta de ceder. Enquanto isso, ele pode tomar emprestada uma abordagem mais direta na solução de problemas. Ambos os parceiros podem oferecer espaço para que as qualidades negativas sejam suavizadas ou as áreas de fraqueza fortalecidas.

O compartilhamento de força envolve honestidade, respeito e clareza mútuos. Antes de vocês discutirem algo que os incomode ou de tomarem uma decisão importante, ambos precisariam:

1. Criar uma atmosfera de cuidado e carinho onde seria seguro levantar preocupações.
2. Ser receptivos em relação àquilo que o outro tem a dizer.
3. Mostrar-se comprometidos a perceber o ponto de vista do parceiro.
4. Monitorar o tom e o conteúdo do que dizem, maximizando a confiança e a boa vontade.
5. Evitar sarcasmo e comentários depreciativos.
6. Evitar sermões.
7. Deixar para trás ressentimentos e trabalhar a partir de um ponto de vista positivo.
8. Reconhecer que o comprometimento (abrir mão de certas coisas) é a melhor solução para os problemas.
9. Permitir a si mesmos sentirem-se vulneráveis quando conversarem sobre os próprios sentimentos.
10. Comprometer-se a encontrar soluções aceitáveis e a compreender que vencer uma disputa pode significar perder uma relação.

Capítulo 7

Casos extraconjugais: tempestades perfeitas

Se o ato de trair era, no passado, uma prerrogativa do homem alfa, hoje essa realidade é bem mais abrangente. O código moral contra o adultério tem se enfraquecido por causa da cultura de gratificação instantânea. Por que não fazê-lo se todo mundo faz? Desde os anos 1970, a traição por parte das mulheres aumentou de modo consistente, e hoje elas traem tanto quanto os homens, segundo novas pesquisas. Todas as explicações para esse fenômeno estão sendo levantadas. Kristen Mark, principal autora de um estudo de 2011 na Universidade de Indiana, afirmou que para as mulheres o fato de elas não serem felizes no casamento e incompatíveis em termos sexuais as tornava mais inclinadas à traição.

Contudo, existem outras razões. Quando uma mulher tem uma carreira independente, realizações profissionais e um bom salário, ela não tem medo do divórcio. Ela exerce mais controle na própria vida que uma mulher financeiramente dependente. Isso, entretanto, não significa que a infidelidade de uma mulher necessariamente provocará a separação; de fato, uma mulher bem-sucedida na carreira que se envolve em casos extraconjugais não pretende se divorciar do parceiro. Ela apenas está se comportando como os homens costumavam fazer no passado, ou seja, aproveitando-se de uma posição de poder. A mulher alfa está mais em busca de aventuras e se sente no direito de procurar a própria felicidade, então, se ela se sente entediada no sexo, ela considera que tem o direito de buscar alguma excitação. Mesmo se seu casamento *de fato terminasse* em decorrência de seus casos, ela sabe que ficaria bem em termos financeiros.

As mulheres estão no ambiente de trabalho, em que as tensões sexuais podem rapidamente se tornar mais fortes com o contato regular. E quando a oportunidade não se apresenta naturalmente, existem sites específicos que oferecem relacionamentos sexuais extraconjugais. Fiquei surpresa ao descobrir que um site dos Estados Unidos afirma possuir 17 milhões de membros em 25 países. Interessante!

Talvez também seja verdade que, no final das contas, a sexualidade das mulheres não difira tanto da dos homens. Um estudo de 2010 conduzido por Hyde e Petersen, na Universidade de Wisconsin, descobriu que, quando homens e mulheres são mais iguais dentro da cultura, "a maioria das diferenças de gênero nas atitudes e nos comportamentos sexuais são pequenas". Contrariando a afirmação de que os homens são mais promíscuos, assim como o pressuposto de que são mais propensos a trair, os estudos mais recentes argumentam que as mulheres também não são intrinsecamente monogâmicas. Uma pesquisa recente do Centro para Medicina Sexual de Sheppard Pratt (Center for Sexual Medicine) mostra que um número maior de mulheres que de homens sofre com o que é chamado de Transtorno de Desejo Sexual Hipoativo (TDSH) – a falta de libido dentro de um relacionamento. O fato é que depois de toda a excitação da vida pré-conjugal, as mulheres casadas de hoje podem encarar o sexo monogâmico como algo entediante.

Contudo, se é fácil levar um caso adiante na era digital, também é *mais fácil* ser pego. Quem já não bisbilhotou a vida do parceiro? Em uma pesquisa realizada por um site de relacionamentos com 2 mil pessoas, 36% dos adultos consideravam isso normal. Há uma séria questão moral envolvida na leitura secreta de textos e e-mails de alguém, porque muita gente o faz (não quer dizer que isso seja correto).

Entretanto, com a tecnologia, a privacidade ficou fora de moda; está literalmente ultrapassada. Tudo o que você posta na web, independentemente de ser num blog ou uma foto do seu cão no Facebook ou, Deus me livre, uma foto muito íntima, estará lá para sempre. E parte disso nos assombrará por muito tempo.

Outra razão para bisbilhotarmos é o fato de termos a possibilidade de fazê-lo. Nós nos sentimos no direito de invadir a privacidade do nosso parceiro. De modo perverso, passamos a esperar o pior da pessoa que está conosco, uma vez que nós também nos sentimos tentados a flertar ou a esconder algo em um e-mail ou uma mensagem de texto. Bisbilhotamos para encontrar o que nosso parceiro está fazendo porque sabemos quão fácil é ser indulgente em uma cultura que oferece gratificação instantânea e superestimulação. A lealdade em relação ao parceiro colide com a natureza impulsiva do mundo digital.

Penso nos casos extraconjugais como tempestades perfeitas na vida conjugal. Imagine um relacionamento afetado por uma combinação de circunstâncias que, juntas, criam um grande evento com repercussões intensas. Em um momento ou em outro, quase todo casamento se torna vulnerável a um caso. Independentemente de você chamar de tédio, desinteresse ou insatisfação sexual, a causa da traição está dentro do relacionamento. E, para isso, são necessárias duas pessoas: as circunstâncias internas que levam a um caso extraconjugal são sempre criadas pelo casal. Oportunidades extrínsecas à relação apenas acrescem força sem precedentes aos conflitos pessoais.

Ainda assim, de acordo com um artigo do *The Wall Street Journal*, mais de 80% dos casamentos sobrevivem a um caso extraconjugal. O fato de um matrimônio se manter vivo quase sempre depende de os dois parceiros conseguirem desenvolver uma compreensão das causas e entender que questões pessoais contribuíram (por exemplo, questões da meia-idade). O casal precisa trabalhar junto na reconstrução do casamento para torná-lo mais forte. Uma das partes sozinha não conseguirá fazê-lo.

Casos extraconjugais dos alfa e dos beta

Diferentes tipos de personalidade têm diferentes tipos de casos extraconjugais. Digamos que uma beta e seu marido alfa tenham um namoro e um início de casamento excitantes, porém, depois do nascimento do segundo filho, eles se afastam. Ela se sente um pouco desapontada com o casamento e, em seu íntimo, está irritada com o marido, pois sente que ele não está interessado no que ela faz nem tenta compreendê-la. Às vezes ela fantasia estar em um relacionamento com alguém que seja receptivo e afetuoso. Ao mesmo tempo, ela sente falta da velha química com o marido e deseja que pudesse tomar um comprimido e sentir atração por ele como no passado.

Então, como chefe do setor de arrecadação de fundos da associação de pais e mestres, ela encontra outro pai ativo e ambos passam a tomar café juntos. Ambos descobrem que têm um senso de humor parecido e gostam de contar histórias um para o outro sobre pais esquisitos na escola ou o último vídeo engraçado publicado no YouTube. Não demora muito para que eles digam um ao outro que o casamento não vai bem, o que intensifica ainda mais sua intimidade. Inconsciente de que a raiva pelo marido, mantida em segredo, está servindo de combustível para suas emoções, ela se torna cada vez mais envolvida com o amigo. O que ela não percebe de modo consciente é que ter um caso extraconjugal seria uma boa maneira de se vingar do marido.

Quando fantasia sobre fazer sexo com o amigo, ela repreende a si mesma: "Mas o que estou pensando? Eu nunca faria algo assim". *Nunca*, porém, é tempo demais, e logo os dois reconhecem os sentimentos que têm um pelo outro. A tensão sexual ardente extrai o melhor de ambos e eles dão início a um caso extraconjugal. Nesse momento, a autoconfiança dela se torna bem maior. Ela se percebe mais sexy e desejável, além de se sentir em condições de afrontar o marido.

Enquanto uma alfa consegue desconsiderar os próprios medos e preocupações, uma beta demonstra seu sentimento de culpa, e não demora muito para que as coisas saiam do controle. Ela não tem o temperamento adequado para um caso sem importância; além disso, seu bom senso lhe diz que logo poderá ser pega. São momentos de grande ansiedade. O caso chega a um fim doloroso.

Às vezes a culpa se instala quando menos se espera. Liz, uma amiga minha que é casada, encontrou um homem com quem trabalhara há vários anos em uma redação. Eles almoçaram e trocaram várias histórias do passado. Enquanto falavam sobre suas famílias, ela se recordou com alguma nostalgia de sua amizade próxima e às vezes assanhada – e sempre platônica. Quando se afastaram, ele casualmente mencionou um blog que começara havia algum tempo. Em casa, ela pesquisou o blog e viu que ele estava publicando as fantasias sexuais que tinha em relação a ela, incluindo uma descrição detalhada do seu corpo.

Para uma beta tímida, essa exposição era terrível. Ela se sentiu invadida e traída, além de furiosa. Contudo, estranhamente, ela também se sentiu culpada, como se tivesse feito algo errado. Sua resposta instintiva foi cortar qualquer contato com ele, bloqueando e-mails e mensagens de texto. Entretanto, insegura de estar agindo corretamente, ela me perguntou o que eu achava. Eu tinha certeza de que seu instinto estava correto. Engajar-se em uma troca de e-mails realmente não era o estilo dela. Seu silêncio era uma mensagem clara: "não entre em contato comigo". No mundo tecnológico, coisas estranhas podem acontecer, mas, não, você não é culpada pelo fato de, sem querer, passar a fazer parte das fantasias on-line de outra pessoa.

Instinto assassino

O mundo dos negócios nos oferece oportunidades de traição que podem se revelar quase impossíveis de resistir. As alfa são mais suscetíveis à tentação pelo simples fato de que, por causa de seu temperamento, elas se sentem mais atraídas por desafios, aventuras e estímulos – como a abelha para o mel. Ao longo de décadas os homens de negócio têm se envolvido em namoricos fora da cidade em que vivem; agora as mulheres de negócios também estão suscetíveis a esse comportamento. A atmosfera turbulenta e incontrolável das conferências cria a tempestade perfeita para alfas impulsivas inclinadas a correr riscos e que não têm vergonha de admitir seu apetite sexual. Abastecidas e desinibidas pela bebida, elas podem perfeitamente acabar flertando com algum sujeito sexy. Os dois são, em partes iguais, sedutores e seduzidos. Ela não quer parar porque se sente bem, e logo os dois acabam indo para um quarto de hotel. Mais tarde ela pode se sentir um pouco culpada, mas depois de racionalizar a situação, considerará o caso inócuo. Ela jura que jamais fará isso de novo, pois sabe que foi errado, mas rapidamente se esquece do incidente. Um caso ao estilo alfa quase nunca é descoberto.

Minha cliente, Caitlin, publicitária em uma revista de moda, é uma mulher pequena e charmosa de cabelos escuros, além de um dínamo humano de olhos grandes e arregalados. Seu estilo de vestir-se é fantástico, sempre com sapatos de salto alto com plataforma oculta, que acrescentam alguns centímetros à sua altura oficial. Caitlin foi criada em uma família que lutava para pagar as contas no final do mês, e teve de aprender desde cedo a sobreviver e conseguir o que precisava. Ela se saía suficientemente bem na escola para conseguir bolsas na faculdade. E chegou à vida adulta orgulhosa por ter sido durona e prosperado. Com um diploma nas mãos, recebeu o aceno da América corporativa.

Ela conheceu Michael, um atraente fotógrafo de moda, no saguão de um prédio no centro da cidade. Ele adorou sua energia e sua ambição, enquanto ela ficou admirada pela criatividade dele e também pela sua sensibilidade artística e romântica. O sexo entre eles era crepitante e, conforme o tempo foi passando, eles descobriram para sua surpresa que compartilhavam alguns valores e crenças tradicionais sobre a vida familiar. O casamento não parecia algo distante.

Na época em que Caitlin e Michael vieram ao meu consultório para uma espécie de sintonização conjugal, como eles mesmos chamaram, eles já tinham dois filhos. Caitlin dedicava muitas horas ao trabalho e recebia promoções regulares. Além de amar o que fazia também adorava o ambiente competitivo e de alto risco. Ela se considerava "mais um dos rapazes", tanto no escritório quanto na estrada. Enquanto isso, Michael se viu forçado a fechar seu estúdio por causa da crise, quando sua área ficou estagnada, e agora ficava em casa cuidando das crianças, encontrando para si um nicho interessante como fundador de um grupo de pais na vizinhança. Ele descobriu que gostava da esposa como ela era e, de fato, o casal havia chegado a um acordo que funcionava para ambos: Caitlin, a alfa provedora, e Michael, o beta responsável pela casa. Eles raramente se viam entre um final de semana e o outro, mas, em termos sexuais, sua relação ainda era ótima. Eles se mantinham em contato o dia todo, por mensagem de texto, mesmo que fosse apenas para dizer "Eu te amo".

Foi então que Michael descobriu algumas mensagens sexies e pessoais de um colega de Caitlin no telefone da esposa, o que abriu a Caixa de Pandora. Pega de surpresa, Caitlin confessou que tivera um caso, apressando-se em dizer a Michael que "não significara nada para ela". Contudo, ela também estava em apuros no trabalho. Recentemente fora repreendida pelo chefe por ter extrapolado o limite de despesas. Nas viagens comerciais ela optava por ficar nos hotéis mais caros e gastar muito em entretenimento. Em sua defesa, ela nos contou que estava sob forte pressão e que se sentia no direito de gastar o dinheiro da empresa. Durante uma festa de despedida para uma colega de trabalho que estava se aposentando, Caitlin ficou sabendo que, ao longo de sua carreira aquela mulher havia trazido cerca de 1 bilhão de dólares em receita para a companhia. Isso aumentou seu apetite competitivo e ela jurou que faria ainda melhor. Agora, as histórias sobre as despesas exageradas e sua vida pessoal se tornaram prato cheio para os fofoqueiros de plantão da empresa.

As coisas pioraram ainda mais. A companhia a censurou por comportamento inadequado e a suspendeu. (Você acha que isso tudo teria acontecido se de fato ela fosse "um dos rapazes"? Acho que não.) Contudo, Caitlin não se abalou. Ao contrário, a censura gerou nela um instinto assassino, e ela contratou um dos mais duros advogados trabalhistas da cidade, que processaria a empresa por discriminação, caso fosse demitida. Ela ganhou e saiu da companhia por conta própria, assumindo uma posição sênior em outra empresa.

Depois de ser traído, Michael desenvolveu certa angústia. Alfas traídos, em geral, buscam o divórcio como maneira de evitar a humilhação e a rejeição, mas, sendo um beta, o comportamento de Michael foi diferente. Geralmente satisfeito com seu papel no casamento, adorando sua esposa e se sentindo dependente diante do papel dela como provedora, ele achou melhor encontrar um meio de perdoá-la. Ameaçado, ele agiu para solidificar sua posição, e, em vez de desafiá-la e demonstrar sua infelicidade abertamente, ele redobrou seus esforços para ser um parceiro apaixonado – como, aliás, muitas mulheres fariam para atrair de novo o marido.

Caitlin se sentiu incomodada o suficiente para agendar sessões de terapia individuais. Ela sabia que havia ido longe demais, tanto pessoal como profissionalmente, e que precisava reajustar seu código moral. Existem alguns passos que precisam ser dados para fortalecer um casamento desse tipo. Quando um ou os dois parceiros trabalham muitas horas, eles precisam estar atentos e conversar de maneira regular, indo além das mensagens de texto – em especial quando um deles está viajando, mas não somente nessas ocasiões. Pense nisso como uma maneira de descarregar o dia de trabalho, lidar com os problemas e, acima de tudo, ficar próximos. É um lembrete de que, a despeito das pressões, das oportunidades e das tentações do mundo exterior, o relacionamento vem em primeiro lugar. Para pessoas ambiciosas como Caitlin, casos extraconjugais sempre serão uma tentação, porém ela precisa respeitar e valorizar o homem que está administrando a casa.

O casal cujos cônjuges ocupam posições extremas na escala alfa/beta precisa criar um equilíbrio entre a precipitação dela e o exagero de cautela por parte dele. Essa é a vulnerabilidade de sua parceria e, quanto mais eles estiverem conscientes disso, melhor conseguirão protegê-la. Criar rituais conjugais e familiares vai ajudá-los a manter-se próximos, a despeito das circunstâncias desafiadoras. O respeito e a lealdade serão os laços que vão mantê-los unidos no longo prazo.

Orgulho do garoto mau

Antes de se casar com Nancy, Nick vivia da maneira como gostava e fazia as coisas do seu jeito. Menosprezando empregos regulares depois de se formar na faculdade, ele seguiu rumo ao Oeste, direto para Las Vegas, a Cidade do Pecado, onde se tornou um jogador de pôquer que arriscava grandes somas de dinheiro. Aquele paraíso significava para Nick o mesmo que a água para um pato e ele certamente teria permanecido ali, jogando, se não tivesse sido recrutado por várias empresas de Wall Street. Então ele arrumou as malas e retornou ao Leste, onde acabaria alcançando alta posição em uma grande firma.

Contudo, com frequência ele era advertido por decisões superarriscadas, até que, um dia, acabou banido do trabalho por dois anos. Entretanto, em função daquele comportamento de garoto mau, Nick era considerado um herói no mercado.

Ao longo do caminho ele se apaixonou e se casou com Nancy, uma beta convicta e bastante esperta, que representava um forte contrapeso para as extremas tendências alfa dele de voar perto demais do Sol. Ela se preocupava com o excesso de confiança do marido – com seu orgulho predominante – e pediu a Nick que parasse de contar vantagens dos seus contratempos e embaraços com a lei. Ela achava que ele não deveria se vangloriar de suas punições.

As coisas pioraram quando Nancy descobriu os casos extraconjugais do marido. Um mês antes do Natal, ela encontrou alguns pacotes lindamente embrulhados das lojas Chanel e Tyfanny, escondidos no fundo do guarda-roupa. Ela imaginou que fossem para ela, mas o Natal chegou e passou e, estranhamente, as caixas nunca chegaram às suas mãos. Um dia, logo depois do ocorrido, ao entrar no banheiro para tomar banho, Nick atirou seu celular sobre a cama. Por acaso, Nancy entrou no quarto justamente quando uma mensagem apareceu na tela. Ela pegou o aparelho e encontrou mensagens de duas ou três mulheres. Depois de solicitar os registros telefônicos à empresa fornecedora, ela cruzou os dados e as mensagens de texto e imediatamente o confrontou.

Durante a terapia, discutimos como o quinquagésimo aniversário de Nick estava próximo e sobre o fato de ele estar lutando contra intimações morais: pela primeira vez na vida, Nick se sentiu vulnerável. Pelo fato de parecer mais novo que sua idade oficial, não era difícil para ele atrair mulheres mais jovens – e temporariamente aliviar sua frustração com a calvície que aumentava e um joelho problemático. Em uma sessão anterior, Nancy já havia demonstrado que estava pronta para deixar a relação se ele não assumisse os próprios erros e demonstrasse remorso por suas traições. Ela foi muito clara a respeito do que toleraria e do que não toleraria, e aquilo significava que não haveria uma segunda chance. Nick, que a amava demais, e compreendia que ela de algum modo estabilizava a vida dele, sabia que precisaria entrar na linha. Mesmo assim, superar aquela crise foi apenas o início de um processo de recuperação: eles passaram um ano em terapia reconstruindo o relacionamento.

Pelo fato de Nancy saber que o casamento estava em risco, ela tomou a sábia decisão de não ser fraca em relação ao que aceitaria ou não. Ao fazê-lo, ela reforçou os laços entre o casal. Nick se viu diante de uma escolha simples e direta: o relacionamento ou mais incertezas do que ele estaria preparado para enfrentar. Em vez de desmoronar, esse humilde ambicioso começou gradualmente a fincar os pés no chão.

"É só uma mensagem de texto"

Aos 35 anos, Allison estava em busca de um relacionamento e encontrou Dave on-line. Desde o início ela se mostrou direta sobre o fato de seu objetivo ser uma relação séria que culminaria no casamento. Dave, que estava na faixa dos 40 anos, concordou e afirmou que também procurava a mesma coisa. Ele se apaixonou por Allison porque ela era muito atraente – não o tipo de mulher que geralmente se interessava por ele. Mais ômega que beta, Dave era simpático, mas tinha um jeito infantil e era um homem fraco. Na adolescência e na faculdade ele nunca foi popular com as garotas, mas descobriu que com seu diploma de advogado havia se tornado um ímã para mulheres: muitas estavam interessadas em sair com ele. (Talvez tenha sido essa a razão para ele optar por essa carreira; ele não era do tipo laborioso, tampouco se mostrava muito interessado no próprio trabalho.)

Então, com seu título de advogado, Dave começou a se aproveitar da cultura dos "namoricos sem compromisso" e, depois de dois anos, sua relação com Allison estava em crise.

Quando Allison viu o celular de Dave sobre o balcão da cozinha e ouviu o alarme de nova mensagem, ela simplesmente o pegou nas mãos. "Não sei por que, mas algo me levou a fazê-lo", ela disse. É óbvio que ela se deparou com várias mensagens de caráter sexual. Muito mais beta que alfa, Allison precisou se forçar a confrontar Dave. Com o meu apoio ao longo das sessões, ela finalmente disse: "Não consigo acreditar que você fez isso! Sinto-me completamente traída".

"Espere um pouco, eu não saí com ninguém desde que começamos a nos relacionar. Além disso, *é só* uma mensagem de texto!" argumentou Dave.

Tentei fazer com que Dave entendesse que "é só uma mensagem de texto" não significava nada. Ele violara a confiança de Allison – mas ele não via as coisas dessa maneira. Sem compreender que seu comportamento fora enganoso, ele sempre retornava à mesma lógica. Enquanto eu lutava para entender o ponto de vista dele, percebi que a própria ambiguidade das mensagens de texto permite a adoção de um comportamento que, ao mesmo tempo, distancia a pessoa dessa mesma atitude. Nesse sentido, as ações de Dave pertenciam a uma forma "descorporificada" de si próprio, não ao Dave real. E se esse "metaDave" não era real, então o verdadeiro não precisaria assumir responsabilidade pelo que o outro fizera. Cuidado! Esse tipo de lógica pode acabar com um relacionamento: afinal, quem essa pessoa é de verdade?

Em nossas sessões juntos, trabalhamos a fim de estabelecer mais transparência entre Allison e Dave. No final, entretanto, Allison decidiu terminar o namoro. A confiança é a base de sustentação de uma relação, e ela tinha consciência de que isso não existia em relação a

Dave, e que talvez jamais pudesse existir. Seria uma escolha arriscada, extremamente arriscada. Como eu disse antes neste livro, não se acomode. Deixe para trás suas perdas e siga em frente! "Vá, garota!", pensei.

No prazo de um ano Allison já havia se apaixonado por outro homem – dessa vez alguém que realmente compartilha dos mesmos objetivos.

Fadiga sexual

Sobreviventes de divórcio, Juli, de 34 anos, e Bradley, de 37, encontraram-se on-line. Ele era oftalmologista e morava num apartamento de frente para o Central Park; ela, em contrapartida, vivia na região do Queens e ostentava um estilo de vida casual, e até um pouco boêmio.

Ao longo de vários meses, no início do namoro, eles exploraram os bairros em que viviam indo ao cinema, visitando museus e frequentando restaurantes. Bradley, um alfa autoconfiante, determinado e de maneiras até um pouco rudes, tomava a frente da relação e decidia sobre os passeios e os jantares. Eles adiaram o envolvimento sexual até que ambos tivessem certeza de que realmente queriam estar nesse novo relacionamento. Então, certa noite, depois de um jantar fabuloso e de duas garrafas de vinho muito caro, eles finalmente fizeram sexo.

Juli, uma beta que sempre entrava nos relacionamentos com a mais pura emoção, e tinha o hábito de se ligar rapidamente, sentiu-se arrebatada por completo. Logo os dois resolveram morar juntos. Ambos se surpreenderam não somente com a forte atração sexual que havia entre eles, mas também com o desejo de permanecer próximos um do outro. Ainda espantados com a situação, perceberam que estavam totalmente apaixonados. As coisas fora da relação caminhavam bem para ambos: Juli estava envolvida na exposição dos trabalhos de um grupo de artesanato no Brooklin, enquanto o consultório de Bradley ganhava clientes e popularidade.

Então os problemas começaram. Depois de um ano vivendo juntos, o apetite sexual do casal desapareceu ou, pelo menos, foi o que aconteceu com o de Bradley. O casal claramente demonstrava afeição um pelo outro, então, o que teria acontecido? Uma relação sem sexo torna-se bastante vulnerável, independentemente de o desinteresse partir de um ou dos dois cônjuges. Foi nesse momento que comentaram comigo que gostariam de ter um bebê. Fiquei feliz pelo casal, mas ao mesmo tempo apreensiva; era óbvio que algo estava errado. Será que eles não deveriam primeiramente resolver o impasse na relação? Contudo, antes mesmo que eu pudesse aconselhá-los a ir devagar, Juli anunciou que estava grávida. O casal deixou a terapia e, algum tempo depois, recebi um comunicado sobre o nascimento da criança. Ao longo dos meses seguintes continuei a ser informada sobre o desenvolvimento do bebê.

Três anos já haviam se passado quando voltei a encontrar Juli e Bradley. Eles estavam enfrentando uma nova crise. Ambos decidiram manter um casamento aberto e, na ocasião, os dois já estavam envolvidos sexualmente com outras pessoas. Um caso extraconjugal pode afetar bastante o coração vulnerável em um relacionamento e, nesse caso, foi exatamente o que aconteceu. Juli enlouqueceu quando descobriu que Bradley havia se apaixonado pela mulher com quem estava saindo. Durante a sessão, ele disse a Juli que ainda a amava, mas não conseguia sentir por ela a mesma atração sexual de antes. Sua voz era firme, mas eu podia sentir a dor que aquelas palavras lhe causavam.

"Mas eu estou apaixonada por você", protestou Juli. "Farei o que for necessário para que as coisas melhorem. Por favor, vamos nos esforçar para salvar nossa relação." Eu pude ver quanto ela estava desesperada para fazer com que Bradley a amasse novamente. Dos dois,

Juli era a menos autoconfiante e também a mais necessitada naquele relacionamento. O desequilíbrio era óbvio e perigoso.

Bradley só conseguia repetir o que já havia dito, e da maneira mais honesta e carinhosa possível: "Eu amo você, Juli, mas não sinto mais atração sexual em nossa relação. Não posso resolver a questão do sexo se a atração já não existe". Apesar de saber que ele não tinha nenhuma intenção de ser cruel, sua revelação foi brutal.

Mesmo quando os parceiros concordam em manter um relacionamento aberto e em dormir com outras pessoas, sempre existe certa dose de ciúme, ressentimento e mágoa. Neste caso, Juli, sempre quem tentava a reconciliação e era rejeitada, estava se afogando. Foi atroz. Hoje o casal está separado, o que é muito doloroso para ambos. O grande problema foi o longo período em que os dois se sentiram entediados no sexo, uma questão que tentaram resolver mantendo um casamento aberto. Essa prática, porém, somente criou espaço psicológico para que ambos evitassem confrontar seus problemas sexuais. Permitir que outras pessoas adentrassem na vida deles fez com que aquela relação disfuncional fosse desmascarada.

Você consegue guardar um segredo? *Deveria?*

Em alguns casos, como ocorreu com Tricia e Sanders, a infelicidade na relação e o tédio sexual levam a um caso extraconjugal, o que, por sua vez, pode gerar oportunidades para uma reinvenção dentro do casamento. Entretanto, é bom lembrar que uma tempestade perfeita como essa pode não terminar de maneira tão tranquila como você gostaria.

O sexo entre Tricia e Sanders, que no início era perfeito, tornou-se cansativo depois de sete anos de casamento. Isso ocorreu depois de inúmeros conflitos explosivos entre o casal. Em certo momento, Tricia teve um breve caso amoroso, mas confessou ao marido. Ele, um homem de elevados princípios morais, a perdoou, embora com grande dificuldade. Depois do ocorrido, as faíscas entre o casal continuaram e, infelizmente, com o passar dos anos, se transformaram em hostilidades.

Os longos cabelos de Tricia emolduravam seu rosto triangular; com 38 anos, essa instigante alfa era uma mulher muito bonita. Sanders, igualmente atraente, é um analista político que trabalha em grandes campanhas e tem a reputação de criar estratégias brilhantes. Os dois são pais de um menino e de uma menina, ambos no ensino fundamental. Olhando de fora, o casal parece perfeito, mas, quando entraram no meu consultório, eles estavam esgotados, frustrados e furiosos um com o outro.

Era um caso clássico de dois alfas se bicando. Tudo era motivo para discussão, desde se deveriam abrir um vinho mais caro para o jantar (ela queria; ele não) até a melhor estrada a seguir depois de um final de semana "relaxante" no campo (ela queria o caminho mais bonito; ele, o mais rápido). Enfim, tudo gerava conflito. Suas brigas, abastecidas pela forte personalidade de ambos, amedrontavam as crianças, então, depois de quatro sessões, decidimos que o casal tiraria uma folga para se acalmar.

Às vezes, o casal só precisa de algum espaço para conseguir adotar uma perspectiva totalmente livre de estresse e, assim, resgatar o equilíbrio interior. Em geral, sugiro que os casais fiquem separados por um período de três a seis meses, para que possamos tentar neutralizar o campo de batalha e estabelecer uma trégua. Contudo, sempre insisto em uma separação estruturada, na qual tento negociar os termos da maneira mais detalhada possível. Por exemplo: eles teriam a opção de namorar outras pessoas ou manteriam a relação monogâmica? Como resolveriam a questão das crianças no que diz respeito aos cuidados necessários?

Entretanto, essa acabou se tornando a parte fácil do processo. Ambos concordaram em colocar as necessidades dos filhos em primeiro lugar. Para evitar atrapalhar a rotina das crianças, eles alugaram um estúdio no final do quarteirão e se revezavam morando no local. Eles também se permitiram a opção de socializar com outras pessoas, mas não fazer sexo com elas. Tudo isso foi alcançado de maneira tranquila, com muita boa vontade de ambos. "Até aqui, tudo bem", pensei.

De fato a separação trouxe para o casal um alívio em relação às brigas e à paz de que precisavam no relacionamento. A alternância no cuidado com os filhos ocorreu de maneira pacífica e cooperativa. No entanto, ao começarem a socializar com outras pessoas, sem fazer sexo, os dois descobriram que apreciavam a sensação de independência. Eles tinham o espaço emocional para se concentrar na carreira e nos filhos. Conforme a vida se adequou a essa nova rotina, o casal decidiu se dar mais tempo antes de decidir o futuro da relação. Por causa disso, eles interromperam a terapia.

Cerca de seis meses depois, eles perceberam que sentiam falta um do outro e decidiram passar algum tempo juntos em casa, ao lado das crianças. No entanto, mantiveram o estúdio. À medida que se sentiram mais confortáveis, descobriram não apenas que podiam se comunicar de maneira mais direta e sem toda aquela tensão, mas também que ainda tinham uma forte conexão. Isso lhes mostrou que eles estavam prontos para viver juntos novamente e retomar sua relação sexual. Um ano depois da separação, a família estava reunida outra vez.

O casal voltou para uma terapia breve. Dessa vez nos concentramos em identificar posições não construtivas padrão na maneira como eles se relacionavam um com o outro. Ambos identificaram no parceiro comportamentos do tipo "do meu jeito ou de jeito nenhum". Tricia reconheceu que precisava administrar melhor seu temperamento explosivo, enquanto Sanders admitiu que precisava abrandar um pouco seu racionalismo. É muito difícil para um casal, principalmente quando ambos são alfa, apropriar-se dos próprios erros e trabalhá-los: nesse caso, o alvo seria o perigoso aumento das tensões. Ambos se comprometeram a alterar esse padrão e, por fim, concordaram em encerrar a terapia.

Quando os próprios clientes sentem que já podem caminhar sozinhos, sempre faço questão de encorajá-los em sua decisão, deixando claro que poderão voltar a me procurar em caso de necessidade. (Aliás, os terapeutas nunca deveriam sugerir ou insinuar que encerrar uma terapia é uma ideia ruim. Mesmo que o profissional acredite que essa não é uma boa ideia, ele deve apoiar a decisão. O cliente sempre deve se manter responsável pela própria terapia.)

De fato, no momento em que deixaram a terapia acreditei que Tricia e Sanders estivessem em plenas condições para seguir adiante. E é justamente por isso que, vários meses depois, fiquei surpresa ao encontrar novamente com Tricia. No momento em que entrou no consultório ela já começou a chorar e disse que logo no início da separação ela havia ficado com um velho amigo do casal. Aconteceu do jeito que normalmente acontece com os alfa. Ela estava em uma festa e enquanto as pessoas começaram a se dispersar ela resolveu ficar, curtindo sua recém-conquistada liberdade. Logo se percebeu sozinha com um velho amigo, bêbada e eufórica. A tensão sexual chegou ao pico e os dois rapidamente se envolveram em uma longa e desinibida sessão de sexo.

Nos meses que se seguiram, conforme Tricia se reconectava ao marido, ela se viu assombrada pelo próprio comportamento impulsivo, que, aliás, sempre fora seu maior inimigo. Ela estava agoniada, pois sabia que não poderia simplesmente voltar atrás. Ela também tinha certeza absoluta de que Sanders não a perdoaria dessa vez.

Nós duas discutimos quais seriam as consequências de curto e longo prazo para o seu casamento e, o mais importante, se ela deveria ou não contar ao marido. Tricia insistia que se Sanders descobrisse o que acontecera, a estabilidade da relação iria por água abaixo, e por culpa dela. Ela não queria lhe contar. Com frequência, as pessoas nessa situação tentam racionalizar suas decisões, alegando que a verdade causaria mais mal do que bem. Na maioria das vezes, encorajo meus clientes a serem honestos com seus parceiros, a assumirem as consequências de seus atos e a pedir perdão. Como podemos justificar uma mentira quando sabemos que a confiança é a base de qualquer relacionamento?

Neste caso específico, porém, tivemos de pesar cuidadosamente os prós e os contras dessa estratégia normalmente tão sadia. Eu quis saber exatamente qual seria a possibilidade de essa breve relação ser exposta. Seu amante já havia falado a alguém sobre aquele encontro? Alguém estava comentando sobre ela? Quando ela afirmou que não considerava que aquilo pudesse acontecer, tomei a decisão de não forçá-la a dizer a verdade, pois concordava que a relação talvez não sobrevivesse àquela revelação. No final, a decisão ficou nas mãos de Tricia. Ela decidiu ficar em silêncio e guardar para si mesma a vergonha e a culpa que sentia. De certo modo, ela optou por autopunir-se por seu comportamento impulsivo, acreditando que a reação de Sanders à verdade seria uma punição ainda pior.

Relacionamentos são complexos e, às vezes, não aderir às visões mais comumente aceitas pela sociedade é a melhor – ou única – opção diante de uma situação ruim. A autoconsciência e o senso de falibilidade recém-adquiridos por Tricia se mostraram bastante significativos. Para alguns dilemas não há solução fácil, e o caso de Tricia era certamente um deles.

"A zona de superposição de proximidade"

Soa como algo relacionado a um acordo comercial, não é? Bem, na verdade, é um termo que se aplica a casais que estão tentando fazer outro tipo de acordo. Eles estão buscando definir a zona em que suas diferentes necessidades em termos de proximidade e distância possam ser atendidas. Quando essa região não está bem definida, a relação se torna vulnerável a episódios destrutivos.

Por causa do temperamento e da criação, cada um de nós funciona de um jeito específico quando o assunto é proximidade e distância. Algumas pessoas precisam de uma dieta estável de afirmação, apreciação e afeição; outras necessitam de independência e companheirismo, com menos envolvimento emocional. De modo intuitivo, talvez você acredite que o primeiro esteja mais correto. Afinal, supostamente, relacionamentos deveriam implicar intimidade. Na realidade, porém, nenhum dos dois está certo ou errado.

No primeiro ano de um relacionamento, o casal deveria encontrar o equilíbrio perfeito *para ambos*. Conheci Brian e Cynthia quando eles já estavam casados há vários anos, e logo percebi que eles jamais haviam completado essa importante tarefa inicial. Logo no início da relação, eles consideraram que aquele seria o espaço perfeito para que ambos se recuperassem de seus complicados divórcios. Tudo era novo e maravilhoso. Então, o entusiasmo chegou ao fim.

Com temperamentos fortes e provocativos, ambos se utilizavam de sarcasmo e xingamentos para se dirigir ao outro. A raiva entre os dois aumentava perigosamente. Lá estavam eles, dois ótimos profissionais discutindo como duas crianças em um *playground*.

Quando um casal me procura demonstrando esse nível de ressentimento, a primeira coisa que faço é ensinar a eles os oito sinais de "estimulação da raiva": respiração rápida e aumento da taxa cardíaca; pulsos cerrados; desatenção àquilo que o outro está dizendo;

interrupção do discurso alheio; elevação do tom de voz; ocupação do espaço alheio; gesticulação e dedo em riste. Ao reconhecer esses sinais você se coloca em uma posição de desarmar a situação. Neste caso, ensinei o casal a se afastar e a permanecer em cômodos separados por pelo menos uma hora; fazer uma caminhada pelo parque para descontrair; concordar em não discutir o assunto até ambos estarem com a cabeça fria. Nenhum diálogo é possível quando se está nervoso.

Uma vez que Brian e Cynthia já haviam dominado esse novo comportamento, passamos a buscar as verdadeiras razões para a raiva que sentiam. Na vida em casal, Brian era o "caçador", sempre à procura de mais contato, afeição e interação. Cynthia, em contrapartida, se defendia dessa "perseguição" trabalhando longas horas e lendo seus informativos da área de Direito, até bem tarde. (Mais uma vez, os estereótipos tradicionais de macho e fêmea não se aplicam neste caso!) Brian expressava sua mágoa por meio da raiva; Cynthia se sentia criticada e acusada, o que a fazia afastar-se ainda mais. Então, ao se sentir encurralada, ela acabava dando o troco.

As coisas melhoraram, porém, eles jamais alcançaram a temperatura certa para o casal. O que parecia confortável para ela, se revelava frio demais para ele. O que era suficientemente quente para ele se tornava insuportável para ela. Com o tempo, ambos ajustaram suas expectativas para o nível mais aceitável. Brian se tornou o parceiro mais infeliz, mas ele amava Cynthia e não queria se divorciar. Ainda assim, ele se sentia solitário e necessitava de afeição. E ele encontrou.

Certo dia, enquanto jantava sozinho em um bar, uma mulher mais jovem e muito atraente que estava na cidade a negócios se sentou perto dele. Eles começaram a conversar e, então... Bem, não é difícil prever o resultado. Ele era como uma fruta ao alcance da mão, pronto para ser colhido, e foi. O fato é que Brian era um homem agradável, sofisticado e bastante apreciado por sua capacidade intelectual.

Rapidamente ele se sentiu atraído pela inteligência, serenidade e também pelo calor humano daquela jovem – ela era simplesmente o oposto de Cynthia. Ambos iniciaram uma relação livre e casual, encontrando-se várias vezes ao longo mês, sempre que Cynthia não estava na cidade.

Isso pode até parecer cinismo, mas, raciocine comigo. Um caso extraconjugal pode, às vezes, servir de lastro para um casamento vulnerável. De repente, a tensão desaparece! O parceiro que se envolve na relação extraconjugal se torna visivelmente mais feliz, enquanto o outro provavelmente se sente mais aliviado; de certo modo, ela sabe o que está acontecendo, mas agora ela tem a liberdade de ficar no escritório até a hora que quiser, sem se sentir pressionada. O parceiro que tem o caso se sente agradecido por não ser rejeitado sexualmente nem precisar de sexo por obrigação. O novo *status quo* é bom para todo mundo, pelo menos por algum tempo. Ninguém aqui é culpado: os três participantes desse drama se encontram na mesma cama.

Se eu acho que esse arranjo entre Brian e Cynthia vai durar? Não por muito tempo. Olhar para o lado oposto é um jeito delicado de manter o equilíbrio, pois implica a continuidade de um acordo silencioso entre as partes. Isso quase nunca resolve o problema no longo prazo. O resultado mais provável para essa situação é a exposição do caso extraconjugal (provavelmente por uma ligação ou mensagem de texto no celular) e a separação do casal depois de uma terrível troca de acusações e muita amargura. Nesse cenário, a esposa possivelmente evitará assumir a responsabilidade por sua frieza, construindo para o mundo a imagem de uma vítima traída pelo marido. Este, por sua vez, acusará a esposa de tê-lo empurrado para outra mulher. Todos se sentirão injuriados.

A melhor maneira de evitar instabilidade é perceber os sinais de alerta à sua frente. Se uma pessoa na relação se sente negligenciada pela falta de interesse e de afeição, e a outra considera que não tem espaço suficiente, ambas enfrentarão problemas. O casal precisa encontrar o ponto de satisfação mútua. Nenhum deles conseguirá exatamente aquilo que deseja, mas, uma vez que estiverem dentro dessa zona de equilíbrio, terão o suficiente.

Os laços sexuais entre parceiros deveriam ser primordiais e sagrados. Casos extraconjugais, iniciados por impulsividade, insatisfação, luxúria e raiva, podem invadir o casamento como uma verdadeira força da natureza. Contudo, casos extraconjugais não ocorrem e desaparecem simplesmente. As causas precisam ser compreendidas e escolhas têm de ser feitas. Juntos vocês têm mais controle do que podem imaginar.

Capítulo 8

Divórcio, namoro, sobrevivência e prosperidade

Nos dias de hoje, existem muitas maneiras de as pessoas conseguirem o que querem sem comprometer sua integridade, e as mulheres estão pensando de maneira criativa e se arriscando. Tudo gira em torno da utilização das habilidades alfa, não apenas para sobreviver, mas para prosperar. Para as alfa que caminham rumo aos 30 anos – ou que já ultrapassaram essa barreira –, a vida está se tornando mais complicada que nunca. Elas estão procurando pelo parceiro ideal, firmando compromisso, casando, tendo filhos, trabalhando fora e tentando estabelecer um equilíbrio entre família e vida profissional. Ou elas estão se divorciando, planejando se casar novamente e criar uma família mista, ou até pensando em cuidar dos filhos sozinhas. Elas estão pensando em voltar ao jogo do namoro ou simplesmente em dar um tempo. É possível que estejam considerando um plano B – adotar uma criança ou usar a tecnologia disponível para assegurar sua fertilidade.

A seguir falarei sobre algumas das muitas mulheres que não vivem uma vida típica de mulher casada com filhos. Inúmeras de minhas clientes alfa, que por fora parecem superseguras, são extremamente ansiosas: como fazer tudo o que desejam?; como fazer a escolha certa?; como desenvolver a resistência de que precisam para lidar com eventos inesperados? Neste capítulo abordarei, além da questão da recuperação após as perdas que enfrentamos na vida, também as formas surpreendentes, não convencionais e totalmente legítimas que essa recuperação assume.

Dane-se o relógio biológico

"'Onde eu encontro tempo para ter um bebê?' perguntou uma de minhas colegas durante uma reunião. 'Você se importa se eu tirar leite com a bombinha enquanto falamos?' Eu não me importo se ela fizer isso, mas não quero passar por isso no trabalho!"– *Miranda*

"Até o momento, jamais pensei em ter filhos. Contudo, já estou casada há dois anos, e mudei. Agora eu quero três filhos; tenho de começar logo." – *Yvette*

"Estou ocupada tentando ser adulta. Gosto de ser tia. Adoro meus sobrinhos, mas não quero filhos. Gosto de ficar sozinha." – *Felicia*

"Seja quem for, meu marido terá de esperar até que eu esteja pronta para ter filhos. Teríamos de ser claros a esse respeito. Eu consideraria a ideia de congelar meus óvulos, então me casar e esperar para ter os filhos no final dos 30 ou início dos 40 anos." – *Katy*

"Com 28 anos, temo pela minha fertilidade. Estou pensando em congelar meus óvulos. Parece uma decisão inteligente e madura." – *Martha*

"Sou obcecada por crianças. Congelei meus óvulos. Apliquei em mim mesma as injeções para isso. Dos doze, nove estão em boas condições. Meu pai disse, 'É como uma apólice de seguro'. Se eu tiver de seguir adiante com isso sozinha, eu o farei." – *Jennifer*

Aos 20 anos, você testa seu espírito aventureiro de mil maneiras diferentes: construindo uma carreira, namorando, desenvolvendo vários ciclos de amizade (tanto masculinas quanto femininas), viajando e, geralmente, vivendo uma vida atribulada. Então, um dia, você olha para o lado e percebe que está chegando aos 30 anos; em seguida, vê que chegou aos 35 e, de repente, que já está beirando os 40. Aonde foi parar o tempo?

Talvez o seu primeiro casamento (ou sua primeira relação mais longa) tenha acabado e você esteja sozinha e por conta própria. Quem sabe você pudesse ter se *acomodado* em outro relacionamento, apenas para estar casada e poder ter um filho – mas você não quis fazer isso. É possível que você não encontre o homem certo até já estar bem além dos 30 anos, ou, quem sabe, sequer encontre essa pessoa. É provável que você nunca tenha pensado sobre a questão de fertilidade, mas a vida nos surpreende a *todos* com situações inesperadas.

Gosto de ver alfas assertivas tomando as próprias decisões. O que eu *não* aprecio é ver mulheres ousadas que só se preocupam com a carreira entrarem em pânico quando escutam o fatídico tique-taque de seu relógio biológico. Ao chegar aos 30, você pode se ver em um relacionamento "com uma arma apontada para a cabeça". É difícil saber quanto tempo é possível conceder a alguém que você encontrou pelo caminho, de quem aparentemente gosta, mas sobre o qual não esteja completamente segura.

É aqui que a interseção entre tecnologia e cultura oferece algumas opções para mulheres que talvez não consigam se apaixonar e se casar em tempo para engravidar: coleta de óvulos, doação de óvulos, doação de esperma, fertilização *in vitro*, barriga solidária. Tanto as alfa quanto as beta assumem riscos quando o assunto é fertilidade, mas por razões distintas: a alfa, ocupada com o trabalho e com sua vida pessoal atribulada, acha que, em certo grau, ela não tem limites. Ela pode considerar que está no controle da situação, que pode enganar seu relógio biológico. Conforme o tempo passa, enquanto ela se concentra em avançar cada vez mais na carreira, uma amiga ou irmã beta, mais orientada para o relacionamento, pode até já estar em uma relação séria, mas tem medo de enfrentar seu parceiro ambivalente e lhe dizer o que deseja.

Por todas essas razões, a tecnologia na área de fertilização tem se tornado cada vez mais importante. De fato, tem havido muita controvérsia em relação às mulheres que optaram por utilizá-la ou sequer considerá-la. Para alguns, a questão é uma oportunidade de castigar as mulheres por esperarem demais. Essa é a punição por elas não terem sido suficientemente femininas e terem retardado o casamento. Em outras palavras, a infertilidade é uma penalidade imposta às mulheres que ousam ser independentes e autossuficientes. Em um artigo para o *The Wall Street Journal,* Christine Rosen apresentou sua opinião sobre o assunto: "O congelamento de óvulos oferece outra técnica de controle no processo de ter filhos. Quanto maior o controle, maior a expectativa em relação ao resultado final – a criança – para que ele seja exatamente o esperado, e maior também o desapontamento quando isso não acontece".

A ideia de que as mulheres são frias e narcisistas em sua busca pela fertilidade é perniciosa. Quando Sarah Elizabeth Richards escreveu para o *The Wall Street Journal* para relatar sua experiência pessoal com o congelamento dos óvulos, entre as idades de 36 e 38 anos, como algo que "havia interrompido a tristeza que ela sentia por estar perdendo a chance de ter o filho com o qual sempre sonhara", ela foi taxada de "egocêntrica e calculista", entre outros insultos. Richards acredita que as mulheres resistam à ideia de congelar os óvulos por terem medo de ser vistas como parte da "geração de mulheres feministas, mimadas e que têm tudo o que desejam".

Não deixe que esse tipo de pensamento preconceituoso a impeça de considerar essa opção. Siga em frente e seja criativa; pesquise sobre o assunto e chegue às próprias conclusões. O casamento e a gravidez tardios representam uma tendência que não desaparecerá: de acordo com informações do Center for Disease Control, organização de saúde pública norte-americana, desde os anos 1990, as taxas de natalidade têm subido para todas as mulheres com idades que variam dos 30 anos em diante. Quanto maior o nível educacional, mais tarde elas tendem a se casar e ter filhos.

Muitos médicos especialistas em fertilização, como o doutor Alan Copperman, diretor da Divisão de Endocrinologia Reprodutiva e Infertilidade do Hospital Monte Sinai, em Nova York, prevê o dia em que "testes genômicos serão realizados em adolescentes do sexo feminino e também em mulheres na faixa dos 20 anos para verificar se elas estão destinadas a ser férteis na faixa dos 40 anos ou acima dessa idade, ou se terão problemas reprodutivos e deveriam considerar o congelamento de óvulos". Em um artigo para a revista eletrônica *Slate*, Sarah Elizabeth Richards explica que médicos especialistas em fertilização estão testemunhando aumento no número de novas pacientes. "Para esse grupo etário, o congelamento de óvulos [...] é um instrumento que lhes permitirá planejar o futuro. Trata-se da libertação em relação às limitações biológicas."

Já na revista *Atlantic*, a pesquisadora na área de Psicologia, Jean Twenge, investigou a "crença popular de que a fertilidade das mulheres cai dramaticamente aos 35 anos". Twenge aumenta a idade em que esse fenômeno acontece de 35 para 40 anos. Ela afirma que algumas estatísticas são tão falsas que chegam a provocar riso: a fonte da informação citada no jornal *Human Reproduction*, de que uma em cada três mulheres com idade entre 35 e 39 anos não engravidaria mesmo depois de um ano tentando, era nada mais nada menos que parte dos registros franceses de natalidade entre os anos de 1670 a 1830. Isso é inacreditável!

Twenge menciona a análise realizada por David B. Dunson, do Departamento de Estatística Científica da Universidade Duke, segundo a qual existiu um leve declínio na fertilidade feminina relacionado à idade, mas não a *queda brutal* descrita pelos antigos estudos. Anne Steiner, da Escola de Medicina da Universidade da Carolina do Norte, que também é citada no artigo de Twenge, afirma que seus dados sobre fertilidade não mostram "grandes quedas até os 40 anos."

Contudo, por enquanto, os médicos se mostram cautelosos. A American Society for Reproductive Medicine anunciou que o congelamento de óvulos já não é um processo experimental, no entanto, a organização ainda "não está pronta para endossar o uso indiscriminado dessa técnica [...] As taxas de sucesso caem de acordo com a idade materna". Mais pesquisas precisam ser realizadas antes que a retirada de óvulos seja algo totalmente seguro. Em termos de sobrevivência dos óvulos, uma nova e promissora técnica chamada vitrificação – *flash freezing* – tem ajudado a tornar mais bem-sucedido o procedimento em mulheres jovens. Entretanto, Twenge também avisa que essa informação é "imperfeita" nesse ponto.

Sendo assim, conforme a ciência avança em territórios desconhecidos, aconselho minhas clientes a se manterem bem informadas. Não vivam na "bolha do bebê perfeito". A tecnologia é uma faca de dois gumes: enquanto ela lhe dá o poder entregando-lhe opções, também pode fazer com que você acredite que tudo é possível – para sempre. De fato, algumas mulheres estão contando com a tecnologia para estender suas possibilidades indefinidamente, ou estão em estado de negação em relação aos fatos da vida. Tenho uma cliente não casada que tem 44 anos e acha que ainda pode ter um bebê por meios naturais. Bem, é possível, mas não muito provável.

Em um artigo do *New York Times*, a escritora Amy Klein descreveu a primeira vez que falou com um ginecologista sobre fertilidade. Ela tinha 47 anos e acabara de ficar noiva. Quando perguntou à médica quanto tempo ela deveria esperar para parar de tomar a pílula antes de tentar engravidar, a doutora respondeu: "Eu não acho que você tenha algum tempo a perder".

A escritora ficou muito ofendida pelo tom depreciativo da médica. Contudo, honestamente, não acho que ela deveria ficar surpresa com a honestidade da profissional. Klein afirma que as mulheres deveriam rejeitar qualquer discriminação por idade; mas, ao mesmo tempo, ela própria encontrou dificuldades. Depois de engravidar duas vezes e abortar em ambas as ocasiões, ela optou pela fertilização *in vitro*.

Sarah Elizabeth Richards argumenta que um número crescente de mulheres – inclusive jovens – está escolhendo esse procedimento. Apenas lembre-se: o tempo é fundamental; mulheres que desejam ter filhos, com ou sem casamento, precisam ficar de olho no relógio.

Plano B

Faz sentido que uma vez que você tenha decidido assumir sua fertilidade, aquele nó em seu estômago provocado pela ansiedade afrouxe um pouco. Jennifer, de 37 anos, decidiu congelar seus óvulos porque não queria correr o risco de não poder se tornar mãe. Ao mesmo tempo, ela se sentiu "bem menos pressionada" em relação à ideia de namoro, pois sua decisão "mudaria toda a dinâmica nesse sentido". Namorar enquanto você está preocupada com a própria fertilidade não é uma boa maneira de se concentrar na busca por um bom parceiro.

Jennifer teve sorte de poder arcar com o procedimento (que não é coberto por seu seguro-saúde), e também pelo fato de não sofrer com os desconfortáveis efeitos hormonais das injeções autoadministradas (outras mulheres já disseram o contrário). "Confesso que aplicar as injeções em mim mesma foi um ato bastante solitário", ela admitiu. "Aquela foi a pior parte. Eu aluguei vários filmes e caminhei bastante por aí. Contudo, foi só por algumas semanas. Vejo isso como uma apólice de seguro."

Minha cliente Vicki, depois de um profundo exame de consciência, fez o mesmo. Com 37 anos, recém-divorciada e muito ansiosa, ela entrou em pânico quando um amigo a avisou que a maioria dos homens em sua idade estava apenas em busca de sexo. "Não diga isso!", exclamou Vicki, irritada. O fato, porém, é que ela se enfureceu com o amigo por algo que ela não queria ouvir. Ela estava "matando o mensageiro" porque não gostou da mensagem. Sua ira mascarava o medo de que o que ele dissera fosse verdade. E foi aí que ela decidiu cair na real.

Ela disse, "Sempre vi a mim mesma como mãe, mas hoje percebo que talvez não tenha condições de ter um filho com um parceiro. Ainda assim, não quero desistir do meu sonho".

Vários meses depois, Vicki embarcou em três sessões de retirada de óvulos. Emocionalmente, esse foi um momento complicado, porque ela teve de imaginar uma nova identidade, na qual precisou confrontar uma vida muito diferente daquela que havia imaginado. Reorganizar a própria trajetória exige muita resiliência e flexibilidade e eu admiro mulheres corajosas o suficiente para fazê-lo. Vicki não desistiu da ideia de encontrar alguém e construir uma família, e há boas chances de que ela consiga, mas agora ela tem um plano B.

Você não deveria deixar que toda a sua vida dependesse do seu relógio biológico, mas você realmente precisa ficar atenta para o tempo. Se uma mulher em seus 20 ou 30 anos está muito ocupada no momento, mas ainda assim planeja ter filhos, ela precisa manter isso em algum lugar de sua mente, sem esquecer. Na faixa dos 30, minha cliente Rachel realizou o procedimento de retirada de óvulos como plano B. Foi triste para ela encarar a possibilidade de ter de seguir em frente sozinha. Abrir mão de um sonho de amor, companheirismo e de uma família tradicional é uma grande perda.

Rachel se mantém lúcida em relação ao que virá no futuro. Ela está consciente de que precisará alterar seu estilo de vida, mudando--se de Manhattan para Nova Jersey, onde ficará mais próxima de sua família. Certamente ela não terá a mesma liberdade de uma mulher solteira que tem carreira própria; entretanto, ela consegue visualizar a situação. "Talvez eu não precise estar casada", ela diz pensativa. Rachel está mudando radicalmente o modo como vê a si mesma.

A família e/ou o círculo de amigos de uma mãe solteira em geral assumem o papel central nessa nova fase de sua vida. Uma cliente, hispânica e pertencente a uma família tradicional imigrante, tinha medo de contar aos pais que planejava retirar e congelar seus óvulos. A família estava empenhada em apresentar-lhe candidatos para namoro, mas nenhum deles lhe parecia adequado. "Eles não poderiam estar mais equivocados!", ela disse com um sorriso. Contudo, ela não queria magoar os pais. Então, com o estímulo da irmã, ela corajosamente revelou seus planos à família. Para sua surpresa, a ponto de derramar lágrimas, ambos os pais demonstraram total apoio. Eles estavam orgulhosos do seu sucesso em seu novo país e a última coisa que desejavam era que ela não conseguisse alcançar o que sonhara.

E há também as "corretamente preocupadas" – que precisam relaxar. Minha cliente Robin estava extremamente preocupada em encontrar alguém a tempo de ter um filho. "Você tem tempo", eu lhe assegurei, imaginando porque ela estaria tão preocupada sobre fertilidade estando ainda com 31 anos. A grande quantidade de informações e a disponibilidade de opções tecnológicas podem lançar confusão sobre mulheres jovens. Outra razão para sua ansiedade era o fato de que, um a um, todos os amigos de Robin estavam se casando e tendo filhos. Ela era a única solteira entre todos os seus conhecidos. Entretanto, entrar em pânico é desnecessário e não ajudará. Nessa idade não há motivo para sucumbir à angústia da maternidade. Ela está em um estágio em que precisa ser realista, pragmática e se concentrar no parceiro que ela deseja encontrar.

Outro plano B

Se quer um bebê, acredite em mim, você encontrará um meio. Algumas mulheres se arriscam e partem para a adoção sozinhas. Mostrar-se determinada e assertiva ajuda no processo. De fato, a adoção reúne todas as suas qualidades alfa: você precisará se tornar uma mulher multitarefas para lidar com os desafios da adoção individual. Pense em todo o processo antes de iniciá-lo, e prepare-se para discutir sua situação financeira de longo prazo com um consultor. Certifique-se de ser capaz de cuidar sozinha de uma criança, não apenas financeira, mas emocionalmente.

Se estiver adotando sozinha, você terá de se dedicar de modo obstinado enquanto pesquisa possibilidades de adoção, enfrenta toda a burocracia e conversa com advogados. Esteja preparada para ser avaliada, esperar e viajar. A imprevisibilidade e a incerteza dessa pesquisa, assim como o tempo investido em todo o processo, pode se revelar um problema para a mulher alfa que, em geral, costuma ter o controle das situações.

Embora um número cada vez maior de solteiros esteja adotando, esse processo pode ser um pouco mais difícil para pessoas sozinhas que para casais. E uma vez que finalmente retornar para casa com seu filho você poderá descobrir, como ocorre com muitos pais adotivos, que seu novo estilo de vida será bem desafiador, embora não impossível.

Se você tiver um parceiro descompromissado que não demonstra muito interesse pela situação, encare a possibilidade de perder essa pessoa e também o fato de ter de enfrentar a situação sozinha. Isso provavelmente pode soar apavorante, mas é melhor estar preparada que enganar a si mesma e pensar que esse parceiro estará ao seu lado o tempo todo. Na próxima crise (doença ou perda de emprego), ele poderá cair fora. Converse com ele e abra o jogo: descubra em que pé vocês estão como casal.

Lori, uma professora de Ensino Médio, adotou uma criança sozinha – algo que jamais imaginou que pudesse fazer na vida. No início ela pensou que seu namorado, Glen, se comprometeria, mas, no fim, acabou desapontada. Como a mais velha de três irmãs em uma família californiana, Lori, com sua aparência durona e bem-humorada, era a que mais se arriscava em casa. Seu exterior, porém, mascarava uma baixa autoestima; como a filha inteligente que sempre enfrentava o pai tirano, ela tinha o privilégio de ser sua favorita, mas, ao mesmo tempo, sofria com seu desprezo e com suas críticas sempre que o desafiava seriamente.

Na faixa dos 20 anos, ela sabia que precisava se manter distante do pai e estabelecer uma vida separada. Ela era teimosa (algo que herdou do pai) e, indo contra o desejo da família, mudou-se para Nova York, enquanto suas irmãs foram para os subúrbios de San Diego para criar a própria família. Lori sentiu-se confiante por acreditar que estava fazendo o certo. Em Nova York, ela conseguiu seu certificado de professora e começou a lecionar, lidando com adolescentes em risco cuja vida estava em constante perigo. "Aprendi muito com aquelas garotas", ela disse. "Tive de ser tão durona quanto elas. Elas superaram inúmeras adversidades, e eu as respeito por isso."

Glen, que estava na faixa dos 40 anos, vivia no apartamento em frente ao de Lori, em um prédio em Manhattan. Eles tinham uma política de portas abertas que permitia que ambos entrassem e saíssem quando quisessem. Compartilhavam a TV, as refeições e a cama um do outro. Eles estavam *praticamente* vivendo juntos, a ponto de Lori sentir que estivessem comprometidos. Ela deixou que as coisas fluíssem assim por vários anos, dizendo a si mesma que ambos queriam a mesma coisa: um casamento e um filho. (Embora ela fosse teimosa e assumisse riscos, sua baixa autoestima fazia com que ela não forçasse a barra em busca de atender às próprias necessidades.) Quando chegou à metade dos 30 anos, Lori percebeu que era hora de iniciar um diálogo sobre o futuro. Contudo, Glen empacou; ele se sentia confortável com o jeito como as coisas estavam. Agora, Lori precisaria reunir suas qualidades alfa: se Glen não pretendia ajudar, ela teria de resolver a situação por conta própria.

Ela lutou para abandonar a ideia de um filho biológico e abraçou a missão de adotar uma criança chinesa. Totalmente sozinha, o que exigiu muita coragem, ela encarou o longo processo de adoção, cruzou o mundo em busca de sua filha. Na companhia de vários casais que também iam adotar, no início ela se sentiu extremamente consciente de seu *status* de solteira. Ela agia de modo autoconfiante, embora, no fundo, não se sentisse assim. Entretanto, no momento em que o grupo chegou à China, todos se tornaram mais próximos e conectados, e Lori tornou-se parte daquela pequena comunidade. Naquele momento ela foi consumida por um senso de aventura e por uma missão. No instante em que viu a filha ela se apaixonou pela criança. Ela estava em êxtase. Assim como ocorrera quando ela deixou a Califórnia para viver em Nova York, ela mais uma vez teve uma esmagadora sensação de que estava fazendo a coisa certa para si mesma. Ela sabia que sua vida mudaria para sempre, e para melhor.

Ao chegar em casa ela ficou muito feliz ao perceber que, assim como ocorrera com ela, Glen também se apaixonou pela menina de imediato. "Naquele momento, eu simplesmente recoloquei meus óculos especiais de lentes cor-de-rosa, que só me permitiam ver as coisas pelo lado positivo", disse, bem-humorada. O casal fazia todas as tarefas em conjunto. Eles cozinhavam, comiam, faziam compras e se revezavam nos cuidados com a criança. Eles pareciam uma família, agiam como uma, e, *praticamente* eram uma família. Contudo, quando Lori mais uma vez quebrou o tabu e perguntou se o compromisso era de longo prazo, Glen se assustou. Ele então optou por não se casar e não se tornar um marido e pai comprometido com a família; ele não estava disposto a participar da criação da filha "deles".

Lori então percebeu que teria de tomar a iniciativa e consertar o relacionamento com o pai dela. Para sua surpresa, quando ela contou a ele que havia adotado uma menina, ele ficou entusiasmado e insistiu em ir para Nova York conhecê-la. Quando chegou, ele disse a Lori que queria ajudá-la financeiramente. Eles inclusive discutiram a possibilidade de ela voltar para a Califórnia.

Olhando para o passado, Lori percebeu seus erros. Ela deixou que as coisas chegassem àquele ponto com Glen por ter medo de lutar por aquilo que ela desejava. No final, ela havia tornado as coisas muito fáceis para ele, que apreciava o *status quo*: proximidade, companhia e conveniência, mas sem compromisso. Ele gostava da criança, desde que não tivesse de assumir nenhuma responsabilidade sobre ela. Devastada com a situação, mas finalmente livre dos seus "óculos de lentes cor-de-rosa", Lori percebeu que precisava de mais que do apoio inconstante de Glen. Ela tomou a difícil decisão de colocar um ponto final em seu relacionamento e se mudar para a Califórnia com sua filha. Lá, ela adquiriu uma casa no subúrbio, próxima de suas irmãs, e conseguiu um emprego como professora. Ela jamais olhou para trás. (E a filha dela se tornou a criança de 11 anos mais mandona do quarteirão!)

Namoro em tempos de incerteza

Esse fato estranho aconteceu com várias de minhas clientes: no momento em que elas se decidiram por estabelecer um relacionamento sério, os homens na mesma faixa etária simplesmente desapareceram. O que está acontecendo? Deixando de lado o fato de que muitos homens na faixa dos 30 ainda não estão prontos para assumir um compromisso sério (leia-se: solteirões!), outros podem estar receosos com a ideia de ser pressionados a se casar. Nesse sentido, mesmo que um homem preferisse uma mulher da mesma idade, é bem provável que ele se afastasse dela por prever a possibilidade de ser obrigado a se comprometer antes do momento certo – para ele.

Por causa disso, costumo encorajar as mulheres acima dos 35 a considerarem a ideia de namorar homens (joviais e sadios) que estejam entre o final dos 40 e o início dos 50 anos. Por ter trabalhado com muitos homens "mais velhos", percebi neles um desejo de ter um filho com uma mulher mais jovem e independente. Na verdade, esses homens podem, inclusive, gostar dessa ideia. Como disse um cliente: "Começar de novo e fazer melhor na segunda vez".

Outras dificuldades também surgem pelo caminho: um ano ou dois depois do divórcio, uma cliente na faixa dos 40 anos, e com dois filhos, decidiu que estava pronta para um novo relacionamento. Sua prioridade, entretanto, era proteger os filhos de qualquer problema e confusão. Ela saiu algumas vezes com um homem que conheceu no Match, mas disse a ele que se fossem partir para uma relação mais séria que envolvesse sexo, ambos concordariam em retirar seus perfis dos sites de relacionamento, e também em não namorar outras pessoas. A relação teria se der exclusiva, ela explicou: "como mãe com responsabilidades, o sexo casual já não é para mim". Ele concordou e ela imediatamente desativou seu perfil. Contudo, ao checar para ver se ele havia feito o mesmo, ela percebeu que o dele ainda estava ativo.

Ela o confrontou e ele fez pouco caso de sua reação. "Não estou dormindo com ninguém, só namorando", explicou. Ela suspeitava que ele estivesse irritado pelo fato de estar sendo cutucado por ela, o que a deixou um pouco cética em relação ao parceiro. De qualquer maneira, ela decidiu lhe dar uma segunda chance e, depois disso, algumas outras. Ela queria lhe dar o benefício da dúvida, mas era óbvio que ele não estava pronto para ser exclusivo. Se o seu beta reúne o melhor em você, é possível que você esteja oferecendo chances demais aos homens. Para uma mãe divorciada, uma vez já é o suficiente; já basta para mostrar que vocês dois não estão falando a mesma língua. Siga o caminho alfa: uma vez só, não mais que isso.

O charme está na terceira vez?

Há pouco consenso sobre quão elevada é a taxa de divórcio entre o segundo e o terceiro casamentos. Basta dizer que, quando se tenta novamente, em geral, a pessoa quer que a relação funcione. Famílias misturadas – completas com ex-maridos e filhos de diferentes idades e necessidades – são bastante complicadas, portanto, torna-se ainda mais importante compreender os próprios padrões relacionais e de personalidade.

Tessa, de 45 anos, que apresenta alfa e beta elevados, geralmente se sente atraída por homens desproporcionalmente passivos e com pouca autoconfiança (personalidade clássica número 9). No primeiro casamento ela foi a facilitadora e, no segundo, repetiu o mesmo padrão doentio. Agora, a menos que ela entenda a razão pela qual faz essas escolhas e como mudar esse comportamento, ela continuará uma alfa facilitadora.

Recentemente, Tessa decidiu dar um tempo nos relacionamentos e se concentrar na terapia e em sua filha de 9 anos. Ela está consciente de que não pode errar mais uma vez. "No passado, eu me apaixonei por homens sonhadores", admite com tristeza. "Não me sinto atraída por homens bem-sucedidos."

O fato é que Tessa sempre evitou a armadilha de se relacionar com outro alfa, mas acabou caindo na do ômega. Seu casamento com Kevin começou de maneira feliz. "Nós nos encontrávamos na mesma situação", ela diz. "Vivíamos em Nova York. Éramos jovens, estávamos apaixonados, completamente quebrados e muito felizes." Os problemas começaram quando Tessa, uma executiva da mídia, começou a ganhar mais. "O dinheiro facilitava as coisas", afirmou. "Contudo, fiquei esperando que ele alcançasse o mesmo patamar." Kevin sonhava ser um empreendedor e tinha várias ideias, mas nunca conseguia desenvolver um plano de negócios. Um mago da informática, ele queria desenvolver todos os tipos de aplicativos, mas não tinha nem a paciência nem a persistência necessárias para dar andamento aos projetos.

Enquanto isso, Tessa continuou a crescer profissionalmente. Ela ri ao se recordar das palavras de um entrevistador: "Nunca me deparei com uma ambição tão objetiva!" Tessa acrescenta: "Eu me sentia confiante no trabalho. Sabia por que estava no comando e conhecia meus objetivos. Estava disposta a correr riscos e não tinha medo do fracasso."

Sua relação com Kevin começou a ruir quando seu sucesso alcançou o auge. Ela tentava controlá-lo da mesma maneira que fazia com sua enorme e crescente equipe de trabalho. As brigas começaram, o que fez com que eles me procurassem. Durante a terapia,

Kevin reconheceu as diferenças entre eles: "O ponto-chave de minha atração por Tessa foi o fato de ela saber aonde queria chegar e como chegar lá. Minha abordagem sempre foi diferente. Eu sabia aonde queria chegar, mas desejava tomar caminhos menos diretos e diferentes para chegar lá".

"Eu achei que ambos estivéssemos indo a algum lugar", diz Tessa agora. "Eu estava envolvida em várias *start-ups*. Meu trabalho nos levou a vários lugares do país, e inclusive à Europa. Sempre achei que viveríamos uma vida criativa juntos. Como duas estrelas do rock em órbita." Foi então que a filha deles, Alyssa, nasceu, o que obviamente complicou a vida ainda mais. Quando a menina tinha 6 meses, Tessa admitiu para si mesma que algo saíra muito errado naquela relação. "Eu sabia que Kevin estava infeliz", ela diz. "Entretanto, eu estava tão ocupada que não prestei atenção em quanto ele se sentia assim."

O sucesso de Tessa dominara a vida do casal; sentindo-se diminuído pela esposa, Kevin desistiu de construir algo próprio. Tessa ficou chocada ao perceber que ele já não compartilhava os mesmos sonhos que ela, tampouco estava apaixonado por ela e pela vida que levavam. Como alfa, ela sempre pressupôs que ele queria exatamente o que ela própria queria, e toda essa autoconfiança e esse egocentrismo exagerado acabaram distorcendo sua percepção e seu comportamento: Kevin via a si mesmo como mero acessório, enquanto Tessa o considerava extensão de si mesma.

Naquele momento na terapia, eu os forcei a discutir e a explorar as próprias expectativas em relação ao outro. Ser irrealista a respeito do parceiro pode ser um dos fatores mais destrutivos de uma relação. Em geral, isso está associado à comunicação truncada entre o casal. Depois de uma discussão honesta, Tessa finalmente percebeu que Kevin desejava uma vida muito diferente daquela com a qual ela própria sonhara, e ficou chocada. Absolutamente chocada.

Em um gesto grandioso, ela devolveu a ele o espaço de que ele precisava. "Vá e seja o homem que sempre quis ser", ela disse, guardando dentro de si toda a dor e a decepção da descoberta, e mostrando-se forte e generosa.

Contudo, Tessa não deveria ter ficado tão chocada, e agora ela consegue admitir isso. Na época do divórcio ela estava com 34 anos. Dez anos mais tarde, conforme olha novamente para aqueles momentos assustadores e reveladores, ela diz, com um gesto irônico: "Eu fiz um casamento perfeito *depois* do meu divórcio. Kevin e eu somos ótimos como pais. Não é nada convencional, mas realmente somos excelentes pais. Formamos uma família diferente, e mantemos os interesses de Alyssa sempre em primeiro lugar".

No entanto, ela admite, "Eu ainda comando a família. Sou a pessoa mais importante na relação". Ela suspira. "É muito irritante." Aquilo já não era o que Tessa queria, porém, ela simplesmente não sabia como mudar a dinâmica e continuava agindo do mesmo modo, mesmo depois do divórcio.

Depois que tudo virou rotina, Tessa entrou em um site de relacionamentos e encontrou Mark. Ele era um homem alto, bonito e charmoso. "Eu me apaixonei", ela diz. "E isso aconteceu pela primeira vez em minha vida." Ela, porém, repetiria o mesmo padrão que implementara com seu ex-marido. "Hoje consigo perceber o que aconteceu. Eu comandava o show. Ele ficou tão sobrecarregado com minha vida que a dele desabou. A cada semana eu mudava as peças no tabuleiro de xadrez, planejando eventos para nossas noites, arranjando babás e agendando os passeios de Alyssa durante a semana. Consigo fazer milhões de coisas de uma só vez, mas ele não sentia que tinha um porto seguro em nossa vida juntos."

Durante essa época, a mãe de Tessa faleceu, o que a abalou bastante. Enquanto criança, ela sempre tomara conta da mãe, mas, como adulta, sua relação com os pais era complicada. Quando isso acontece, em geral, o período de sofrimento pela perda se prolonga em comparação àquele de pessoas que mantêm relacionamentos familiares mais saudáveis. Questões não resolvidas como decepções, raiva, ressentimentos, além da saudade, dificultam o período de luto e a superação do ocorrido. Você finalmente percebe que jamais terá aquele parente maravilhoso com quem sempre sonhou, e isso pode ser extremamente doloroso. Tessa se sentiu indefesa e perplexa pelo grande sofrimento que enfrentava: o que era ainda mais enervante para uma mulher acostumada a controlar tudo e a se mostrar bem-sucedida.

"Eu tive de aprender da maneira mais difícil com Mark", admite. "Foi difícil. Eu precisava da ajuda dele. Nós vivíamos do meu salário. Ele ajudava cozinhando, fazendo compras e era ótimo com Alyssa, mas acho que aquilo foi demais para ele." Acostumado a ser cuidado por Tessa, Mark não conseguiu reunir as qualidades beta necessárias para ajudá-la naquele momento.

Foi então que as coisas começaram a dar errado no trabalho, e eu resolvi "sair", ela diz. Seu próximo emprego seria um passo atrás. "Só gosto de ser a chefe", explica. "Sou terrível como funcionária comum."

Sem uma base de apoio mútuo, Tessa e Mark se separaram. Ela percebeu o que ia acontecer e se preparou emocionalmente para o fim do relacionamento. Ela sabia que, posteriormente, precisaria pensar com cuidado e concentrar suas energias para fazer algumas mudanças importantes.

De modo ponderado, ela diz: "Por vários anos as pessoas me diziam que eu era 'fantástica'. Eu sempre soube que um dia deixaria de ser tudo isso. A questão é: 'E agora?'"

Um ano já se passou desde que Tessa e Mark se separaram, e ela não está com pressa de se envolver novamente. "Não tenho procurado uma nova relação. Alyssa é minha prioridade. Estou tentando me refazer depois do fim do relacionamento e da morte de meus pais. Já não tenho certeza de que me conheço bem o suficiente. Minha carreira está em um momento de transição, e acho que perdi minha autoconfiança e também minha arrogância. Reconheço que tenho dificuldade em ouvir críticas, mas acredito que ou você se deixa destruir por suas experiências ou aprende com elas. Decidi aprender."

Com suas fortes qualidades alfa, Tessa destrói os homens tanto quanto facilita a vida deles. Esses parceiros acabam totalmente absorvidos pelo mundo dela, e então se sentem forçados a deixá-lo para conseguir recuperar um mundo compatível com a própria personalidade. "Eu aprendi", ela diz, "que uma pessoa pode ser extremamente próxima e, mesmo assim, isso não significa que você a conheça". É verdade, e é também um conhecimento que nos torna mais humildes, mas não é preciso estacionar as coisas nesse ponto. Você é capaz de conhecer alguém melhor se desenvolver suas habilidades de comunicação e aprender a ouvir. Durante a terapia, Tessa precisa abraçar suas qualidades beta e ler as pistas que se apresentam, arrumar tempo para conversar e intuir sentimentos. Ela deveria prestar mais atenção em seu ego observador e se tornar mais consciente em relação ao próprio tom de voz e às palavras que escolhe. "É preciso aprender a de fato escutar e ouvir as críticas", ela diz. "E permitir que elas mudem você." E, então, Tessa precisa de um parceiro beta que consiga manter a própria personalidade ao lado dela.

"Da próxima vez, quero sentir que estou compartilhando a vida com outra pessoa", ela diz. Enfatizo aqui a palavra compartilhando: liderar é uma coisa; dominar é outra. Sua autoconfiança natural, agora influenciada pelas experiências vivenciadas, vai ajudá-la a seguir em frente. As pessoas aprendem a partir dos próprios erros e, com sua força de vontade e energia, Tessa tem ótimas chances de encontrar um caminho melhor da próxima vez.

Uma gravidez não planejada

Aos 39 anos, Cindy deparou-se com três eventos que mudariam completamente sua vida: uma oferta de emprego em outra cidade, uma crise no relacionamento e, por fim (mas com certeza jamais menos importante), uma gravidez. Por algum tempo, acreditando que ficariam juntos, Cindy e Jake pararam de usar métodos contraceptivos – mas os problemas no relacionamento continuaram. Ela queria muito aceitar a oferta de emprego em Boston (que representava uma grande promoção), mas Jake não queria se mudar. Ela sentia como se tivesse de escolher entre o relacionamento e a carreira. Quando Cindy descobriu que estava grávida, eles decidiram se separar.

Aterrorizada pela perspectiva de perder Jake e com a possibilidade de ter o bebê sozinha, Cindy me procurou. Conforme dividia comigo sua confusão mental e sua preocupação, repetidas vezes ela começava a chorar, mas, gradualmente, foi percebendo que, a despeito de tudo que estava enfrentando, ela se sentia entusiasmada com a gravidez. Na ocasião da terapia, Jake havia se mudado para o outro lado da cidade, e ela suspeitava que ele já estivesse envolvido com outra pessoa. Quando ela tentou conversar com ele sobre a gravidez, ele pareceu vago em relação aos próprios sentimentos, mas deixou aberta a possibilidade de se relacionar com a criança. "Qualquer coisa é possível", disse ele.

Agora ela começava a se concentrar em algumas questões cruciais: Será que ela poderia/deveria ter esse filho sem a presença de Jake? Será que ele estaria disposto a participar do processo mesmo fora do casamento? Será que ela deveria aceitar o emprego em Boston? Como poderia lidar com tudo isso? No mês seguinte, ela decidiu que teria o bebê e se mudaria para Boston. Com coragem e autoconfiança redobrados, ela enfrentou um futuro que jamais previra em sua vida.

Ela começou a considerar quais seriam as verdadeiras intenções de Jake. Que tipo de pai ele seria? Ela temia a possibilidade de ele ficar entrando e saindo de sua vida, provocando um caos. À medida que conversamos, ela percebeu que não deveria contar com ele em termos de apoio, nem financeiro nem de qualquer outro tipo. Ela estava por conta própria. Quanto mais pensava sobre a situação, mais percebia que deveria seguir adiante sozinha.

Decidimos que seria interessante ela consultar um advogado. O profissional explicou que se ela quisesse assegurar que Jake não teria como impedi-la de deixar a cidade e se mudar para Boston, ela não poderia (1) incluir o nome dele na certidão de nascimento nem (2) pedir nenhuma ajuda a ele. Desse modo, a menos que lutasse para comprovar a paternidade, ele não teria nenhum controle sobre a vida dela, tampouco voz ativa em relação às decisões dela sobre o bebê. Se ele quisesse manter algum tipo de relacionamento ou contato com a criança, a decisão final caberia a ela – e isso dependeria do tipo de interação que existisse entre Jake e ela. Cindy parecia estar descobrindo dentro de si mesma uma camada alfa, mais profunda, que muitas mulheres só encontram quando se tornam mães. Isso inclui a habilidade de controlar a própria vida e proteger seu filho de qualquer situação familiar instável ou perigosa.

Cindy agora está em Boston, esperando pelo nascimento de seu bebê. Ela e Jake se mantêm em contato, mas ele demonstra pouco interesse em participar do nascimento. Felizmente, Cindy tem uma irmã que mora perto e está entusiasmada em ajudá-la a fazer a transição para essa nova vida. Cindy diz que se sente como uma pioneira que se arrisca em novos territórios e, embora não negue que às vezes se sinta assustada, de modo geral, ela vê sua nova vida de mãe como um renascimento. E, de maneira surpreendente, mesmo depois de tudo o que passou, ela consegue se manter aberta à possibilidade de Jake estabelecer um padrão de ligação paterna diferente nessa nova família.

Mamãe tigresa devolve a mordida

Quando vejo mulheres alfa bem-sucedidas abandonarem a carreira para ficar em casa com os filhos, fico apreensiva. Isso, em geral, é sinal de problemas presentes ou futuros no casamento. Carla, que tinha um alto cargo gerencial em uma grande universidade, era casada com Derek, um empresário alfa. O casal se conheceu ainda na faculdade; como estudantes estrangeiros em um novo país, ambos se sentiam solitários e acabaram se aproximando. Logo depois de conseguirem o diploma, ambos tentaram obter empregos na área acadêmica, mas sem sucesso. Eles se casaram e, enquanto isso, Derek continuou estudando para obter seu MBA, e Carla, um certificado na área de política social.

Depois que seus filhos nasceram, Carla preferiu ficar em casa com eles. De repente, ela deixou sua carreira bem-sucedida e promissora para se tornar uma mãe alfa. A partir daí, passou a comandar a casa como se esta fosse uma grande corporação, mantendo cada coisa em seu lugar específico. Ela investiu toda sua energia e ambição nos filhos e no lar. Tudo estava estruturado em seus mínimos detalhes. Sua devoção para com a família se transformou no foco de sua vida.

Derek, cuja carreira na área financeira decolou, reclamava que a esposa era muito controladora; ela criava muito estresse em casa por causa dos elevados padrões estabelecidos, e dava ordens a ele e aos filhos o tempo todo. Ele se ressentia com suas exigências e passou a desrespeitá-la dentro de casa. Segundo ele, enquanto ela ainda trabalhava ambos eram iguais, mas agora os dois tinham um casamento muito mais tradicional. De fato, Carla era uma mulher perfeccionista. Embora fosse uma mãe carinhosa, era exigente demais; insistia que as crianças frequentassem aulas de música, mandarim e ainda participassem de várias outras atividades.

Um dia Derek soltou uma bomba em casa: ele se apaixonara por outra mulher. Carla ficou devastada e, desesperadamente, concentrou todas as suas energias em se transformar na esposa adorável e respeitadora. Ela não percebia quão inútil era esperar que ele voltasse a se apaixonar por ela se ela se transformasse em um gatinho. Pelo contrário, quanto mais ela se rebaixava, mais ele a pisoteava. Ele então saiu de casa e foi morar com a nova namorada. Com a perda do *status* de mulher casada, Carla sentiu-se despreparada para negociar com o ex-marido a custódia dos filhos. "Quem sou eu se já não sou a esposa de Derek?", ela se perguntava.

Durante o longo e terrível divórcio, eles brigaram de maneira ferrenha. Parecia que todos estavam agindo com desonestidade, inclusive o terapeuta que atendia o ex-casal, e que sempre soube que Derek tinha uma amante. Quando um terapeuta colabora com um cônjuge, escondendo do outro o caso amoroso do primeiro, ele o está perdoando e, ao mesmo tempo incorrendo em uma violação ética. Carla, que estava fazendo terapia individual comigo, ficou arrasada; aquilo era uma dupla traição. Eu expliquei que o comportamento do terapeuta do casal não fora ético e sugeri a ela que o confrontasse. Embora fosse uma decisão difícil, ela concordou em agir, mas quando ele a acusou de ser paranoica (!), Carla abandonou a terapia de casal. Magoada e confusa, as coisas só pioraram para ela.

Parecia que, a cada minuto, Carla era novamente relembrada de sua atitude controladora em relação às crianças. Derek a acusava de não permitir que ele as visse de acordo com as possibilidades dele por causa de sua agenda apertada. Ele costumava marcar determinado horário para apanhar as crianças e, então, enviar uma mensagem de texto cancelando. Em seguida, ele reagendava o horário e esperava que ela aceitasse. Quando tinha meia hora livre avisava por texto que ia dar uma passada. Esse bombardeio de mensagens provocou ressentimento por causa de dinheiro.

Ele a humilhava aparecendo em eventos públicos na escola com a nova namorada. Ela quase desenvolveu uma fobia em relação ao toque de alerta de seu iPhone, que apenas assinalava outro golpe. Por fim, ele começou a ameaçá-la de lutar pela custódia das crianças. Depois de meses sofrendo, ela passou a odiá-lo. Esse ódio, porém, era mesclado com medo, o que a debilitava e praticamente paralisava. Com Carla comparecendo três vezes por semana à terapia, consegui colocá-la de pé outra vez. No início eu não compreendia de onde todo aquele medo se originava; de modo objetivo, ela não tinha razões para temer que Derek pudesse ou tivesse a intenção de tirar seus filhos. Ela era uma mãe carinhosa e cuidadosa, e Derek não teria como acusá-la de negligência. Eu disse a ela: "A menos que o advogado dele a encontre vivendo em pleno centro da cidade enrolada em um saco de lixo, não há como ele tirar seus filhos de você".

Por fim, compreendi que Carla estava enfrentando uma série de perdas que, de tão grandes, estavam distorcendo sua visão de si mesma. Ela se sentia sem forças – uma mulher outrora poderosa em sua profissão, agora se tornara uma esposa descartada e estigmatizada, invisível como mãe, desprovida de valor pessoal. Esses sentimentos de perda e de diminuição de *status* poderiam levar somente à maior de todas as perdas: a dos próprios filhos. Ela demonstrava um medo irracional de que Derek pudesse ganhar a guarda e tomar dela tudo o que queria. "Ele está apenas tentando intimidá-la", eu dizia repetidas vezes.

Quanto mais sem forças Carla se sentia, mais Derek parecia sentir sua fraqueza. Ele exigiu que os filhos ficassem metade do tempo com ele e os apresentou a Courtney, sua namorada. A essa altura as crianças já haviam percebido que ela fora a razão do desmembramento da família. Elas a odiavam, mas Derek insistia que elas viessem para sua casa mesmo quando sabia que não estaria lá, deixando-as com Courtney ou com uma babá. Certa vez, enquanto passavam um tempo sob sua responsabilidade, uma das crianças ficou doente na escola e a única pessoa disponível para buscá-la foi Carla. Os filhos apresentavam dificuldades nessa transição para dois lares; os três tinham problemas para dormir. Mais uma vez, reiterei minha crença de que Derek jamais conseguiria a custódia das crianças.

Finalmente Carla chegou ao fundo do poço e resolveu dar o troco. Certo dia, quando ele enviou uma mensagem dizendo que ia dar uma passada, ela simplesmente respondeu, com letras maiúsculas: NÃO. MANTENHA-SE NO CRONOGRAMA! Ele ficou furioso e disse que ela o estava impedindo de ver os filhos. Em vez de abaixar a cabeça, ela defendeu seus direitos. Em outra ocasião, quando ela e a filha foram convidadas para um *bat mitzvah,* Derek comentou com ela que ele também iria, com a namorada. Carla ligou para a anfitriã e perguntou se Courtney fora convidada, mas a dona da festa disse que não e que se certificaria de avisar Derek sobre isso.

"Mas que cara de pau!", eu disse, quando Carla me contou o caso. "Você mantenha sua cabeça erguida e vá à festa!" Logo, com meu apoio e sua habilidade de se valer de toda sua força interior, Carla se tornou menos reativa. Ela defendeu seu espaço, tornando-se mais forte a cada dia. Fazer o que era melhor para as crianças exigiu todas as características alfa que Carla tinha latentes dentro de si, enterradas sob várias camadas de perdas e intimidações de seu ex-marido. Ela finalmente arrumou um bom advogado e um consultor financeiro e partiu para a briga; questionou o plano de custódia que permitia a ele levar as crianças mesmo quando ele próprio sabia que não estaria em casa; resistiu ao plano dele de tomar a casa que fora dos dois quando os filhos já fossem adultos; e até acabou com sua intimidação pelo telefone. No momento em que estabeleceu limites, ela conseguiu sua vida de volta, assim como a de seus filhos. Não foi fácil. Depois de ser tão rejeitada e humilhada, ela poderia ter se tornado rancorosa, mas resistiu à vontade de dar o troco e manteve um plano de custódia que lhe parecia interessante para as crianças.

Carla também domou a própria tendência de agir como "mãe tigresa", percebendo que, depois do divórcio, seus filhos precisavam mais de apoio que de disciplina. Ela também começou a compreender que resumir a vida dela às crianças e ao lar não era uma boa ideia no longo prazo. Ela precisava resgatar a própria vida. Aos poucos, Carla está resolvendo a situação. Ela entrou para um grupo de ioga, está organizando uma liga de tênis e fazendo alguns cursos; todas essas coisas são oportunidades para ela gastar sua energia e empregar suas habilidades organizacionais. Eu a encorajei a ir a um *spa* nos finais de semana em que estivesse sem os filhos. Isso pareceu assustador para ela, mas quando finalmente foi e recebeu o apoio de outras mulheres divorciadas, que também estavam lá tentando curar as próprias feridas, seus olhos se abriram para a realidade: ela não estava sozinha.

Durante uma sessão, quando ouviu o alarme do celular em sua bolsa, ela sorriu, recordando-se de sua fobia, quando nunca imaginava que tipo de intimidação Derek tentaria. "Sinto-me como se tivesse passado por uma guerra", ela disse. "Agora posso fazer qualquer coisa!" Conforme trabalhamos juntas, Carla apresenta a si mesma novos desafios: "Quero ser mais autoconfiante. Depois do que passei, sempre fico olhando por cima dos ombros, achando que as outras pessoas são melhores, mais espertas, mais inteligentes".

À medida que aprender a utilizar suas qualidades alfa e de "mãe tigresa", fora da própria casa, não há dúvidas de que Carla se tornará a pessoa mais autoconfiante e segura que deseja ser em todas as áreas.

De maneira paradoxal, o divórcio pode não ser a pior coisa a acontecer a uma pessoa, principalmente se, em função dele, ela conseguir se conhecer melhor e adquirir a habilidade de administrar suas emoções e as situações de crise.

Às vezes, eu *quebrarei* as regras

Mulheres fortes sabem exatamente quando se faz necessário quebrar as regras e seguir o próprio caminho. Tracy, de 46 anos, tem essa qualidade de sobra. Ela tem um talento para se sair bem em situações do trabalho nas quais outros costumam fracassar. Ela já trabalhou para algumas das chefes mais difíceis em sua área de atuação: mulheres alfa extremamente exigentes que comandavam empresas bem organizadas e eficientes, mas que sempre respeitavam Tracy e contavam com seus conselhos, sua perspicácia e seus talentos. Tracy descobriu ainda cedo que parecia possuir o toque de Midas. Com o dom de fazer as coisas a seu modo, ela manteve sua independência e integridade intelectual sem se render à tentação de fazer alianças, fofocar ou dar ouvidos a reclamações de outros membros da empresa. Isso fez com que os chefes confiassem nela. Tracy sabia como cuidar de si mesma.

Quando ela e Simon se casaram, eles já se conheciam havia oito anos. Ele parecia admirar o espírito independente dela e ela o considerava um sujeito bastante moderado e maduro, o que era muito bom. Contudo, depois de algum tempo, ele passou a desafiá-la. Ele se ressentia de sua independência: por exemplo, se em vez de dizer "nós" ela dissesse "eu", ele mostraria objeção. Ele a acusava de criticá-lo, geralmente achava que ela o diminuía e se mostrava demasiadamente sensível a demonstrações de desprezo e mágoas. Ele queria que ela se acomodasse em um casamento mais tradicional do que lhe seria confortável, chegando a insistir que ela permitisse que ele a conduzisse pelas ruas – como se ela não fosse capaz de caminhar sozinha sem a ajuda do marido.

Tracy era uma mulher muito teimosa e não dava muita atenção às reclamações do marido. O fato é que ela se sentia pouco motivada para salvar seu casamento e, por isso, não se dedicava muito. Em termos sexuais, os dois estavam tão desconectados que, para relaxar o suficiente para fazer sexo com ele, ela tinha de fumar maconha. O ato decorria sem que ela sentisse nenhum desejo ou prazer. A terapia conjugal não funcionou: o fato de haver muita animosidade e pouco respeito mútuo entre os dois fez com que a luta pelo poder os levasse a sérios impasses. Eles se separaram.

Logo depois do divórcio, Tracy conheceu Doug em uma festa. Eles passaram a noite juntos, descobriram que ambos estavam em casamentos infelizes, sentiram a infelicidade um do outro e uma imediata conexão. Depois disso, Doug enviou-lhe uma mensagem de texto íntima e surpreendente: "O que a faz feliz?"

Ela respondeu imediatamente: "Precisamos conversar sobre isso".

Eles se encontraram para um café, e então para o jantar. "Éramos tão compatíveis", disse Tracy. "Éramos duas pessoas infelizes, porém, eu sou uma pessoa positiva, enquanto ele se sentia miserável pela situação. Eu me tornei sua confidente."

No questionário Tracy identificou a si mesma como alguém que gosta de correr riscos; mas, ao mesmo tempo, confirmou a seguinte afirmação: "Eu sigo as regras", e inseriu uma advertência. "Eu quebrarei as regras se algo for absolutamente importante para mim. Desde o início, eu sabia que Doug era casado, mas gostava muito dele; ele era engraçado, caloroso e amável, e eu realmente precisava daquilo. Ele me fez sentir viva novamente."

Ele, por sua vez, desde o início foi claro ao dizer que não atrapalharia a própria vida com um divórcio. Ele era um beta que valorizava muito sua família, e Tracy respeitou isso. "Ele é gentil, agradável e delicado", afirmou. "Ele não é do tipo que costuma estragar a situação, criar problemas. Ele é avesso a riscos." Depois de um ano, ou pouco mais, ela passou a sentir desconforto com a situação. "Não é que eu quisesse me casar", ela disse. Tracy apenas não gostava da ideia de ser a outra. Ela achava que isso era humilhante para ela e injusto com a esposa dele.

Ela também sentia como se estivesse facilitando a continuidade do casamento dele: mantendo a relação dele viva e, ao mesmo tempo, assegurando a paz de espírito de Doug. "Eu sabia que ele não era como eu. Ele sempre segue as regras do jogo. Eu posso ser confrontadora, mas ele não. Eu compreendia tudo aquilo, mas me enchi."

Então ela resolveu dizer a ele que já não aguentava mais viver dentro dos parâmetros do relacionamento dele. Mais importante, ela lhe pediu que decidisse o que gostaria de fazer. Tracy não pediria a ele que deixasse a esposa, pois isso não funcionaria para ela; ele teria de tomar a decisão e arcar com as consequências. "Eu queria que ele tomasse uma decisão", ela diz. "Ele precisava resolver por si mesmo. Eu sou uma mulher independente, decidida e espero muito das outras pessoas. À medida que ele adiava uma solução, eu perdia cada vez mais o respeito por ele."

Tracy foi firme o suficiente para se afastar e, assumidamente, usar o sexo como forma de forçá-lo a tomar uma decisão. Determinada e lúcida, ela sabia muito bem quanto os dois sentiam a falta um do outro e também do sexo que acontecia entre eles, que se tornara crucial na vida deles. Contudo, ela não queria continuar daquela maneira, e era óbvio que teria de tomar alguma atitude. Se Doug optasse por ela, seria ótimo; se optasse pelo casamento, ela seguiria em frente. Foi doloroso, mas ela viu a situação como um risco calculado.

Por fim, logo quando ela se preparava para começar a namorar novamente, Doug ligou e disse que havia se separado da esposa e saído de casa. Tracy achou melhor esperar, pois não tinha certeza de que o casamento de fato havia acabado.

Faz dois anos que Doug terminou seu casamento, e Tracy continua firme em sua decisão de não se casar novamente. "Eu sabia que não queria isso", ela diz. Agora Doug frequenta a casa de Tracy e os filhos gêmeos dela gostam dele, porém ela sabe que os filhos dele nunca farão parte da vida dela.

A vida de Tracy está cheia de trabalho, crianças, amigos e família. Seu trabalho lhe garante a independência financeira que deseja, e seus filhos se relacionam bem tanto com o pai biológico quanto com o padrasto. Ela tem uma relação de tempo não integral, que ela aprecia bastante, mas dentro dos próprios termos: sem casamento e/ou as complicações de uma família mista. "Tenho exatamente o que quero", ela diz.

Tracy sente que se casou com um homem que não foi suficientemente moderado e maduro para ela. E, considerando que Doug é um verdadeiro beta, ele carrega consigo muita culpa – e dívidas. Por causa dessa culpa, desde que deixou a esposa ele assumiu todas as dívidas da ex para deixá-la feliz. Tracy diz: "Se fôssemos casados, eu não gostaria nada disso".

Tracy, que apresenta alfa e beta elevados, não é nem maluca por controle nem cuidadora. O melhor parceiro para ela é um homem beta não controlador e autônomo, que respeite seu espírito independente. Ela não é do tipo que gosta de agradar outras pessoas, e, embora seja uma mãe cuidadosa e envolvida com os filhos, ela jamais tomaria conta de um homem. Ela consegue ser engenhosa e está bem sintonizada com os próprios interesses (veja sua habilidade de sair da relação com Doug; em geral, isso não faz com que um homem casado altere sua condição). Se um parceiro atrapalhar aquilo que ela sabe que funciona para ela, ela não vai tolerar.

O marido traidor

Callie tem beta elevado e alfa moderado. Ela vem de uma família de mulheres independentes que tendem a se envolver com homens alfa não confiáveis. "Há algum tempo já suspeitava que Jack estava me traindo", ela diz. "Certo dia, vesti meu chapéu de detetive particular e verifiquei todos os recibos do cartão de crédito dele." O palpite dela estava certo: Jack, arquiteto e consultor de *design*, estava de fato mantendo um relacionamento secreto com sua assistente. Jack era um homem muito charmoso, com enorme talento para falar e um gosto especial por drogas, bebidas e um estilo de vida vertiginoso. (Ele era o tipo de sujeito com quem as mulheres adorariam se divertir!) Callie havia iniciado seu próprio negócio como *designer* de arranjos florais, mas depois que os filhos nasceram, ela diminuiu seu ritmo de trabalho. De modo desconfortável, ela sentia que estava perdendo sua independência, mas acreditava que poderia deixar sua carreira um pouco de lado e retomá-la mais tarde, quando estivesse pronta.

Contudo, as coisas não foram assim tão fáceis. Hoje, quando escuta sua filha de 17 anos falar sobre seus planos de ter aquilo que ela chama de vida normal, Callie fica nervosa. A jovem jura que se casará com um homem bem-sucedido, terá cinco filhos, dirigirá um utilitário esportivo e viverá em uma casa bem grande no subúrbio da cidade. Ela certamente não deseja enfrentar a vida tumultuada e a sensação de perda com a qual cresceu; ela precisa de estabilidade e segurança. Callie se preocupa porque sabe que é um grande erro construir uma identidade e uma base financeira a partir da posição de esposa e mãe.

Depois que seus filhos nasceram, Callie e Jack se separaram. Ela se concentrou nas crianças; e ele saía para se divertir todas as noites, depois de passar o dia todo no trabalho. Ela descobriu que tê-lo por perto a deixava triste porque ela sentia que ele queria estar em qualquer outro lugar. "Quando descobri seu caso extraconjugal", ela diz, "eu me senti como se estivesse apenas confirmando o que já sabia. Nós nunca conversamos e eu cheguei ao ponto de não gostar mais dele". Eles tentaram o aconselhamento de casais por um ano, na tentativa de resolver as coisas. "Demorou todo esse tempo", ela disse. "O coração não se resolve tão rápido. Entretanto, quando decidi que tudo havia acabado para mim, eu me senti bem. De fato eu me senti liberada."

Quando os dois se divorciaram, Jack não tinha a intenção de dizer aos dois filhos, que estavam no Ensino Médio, o motivo pelo qual ele e Callie haviam se separado. Callie, por sua vez, insistia que eles fossem honestos, e então ela contou aos filhos sobre o caso do pai. "Não sei se foi a coisa certa a fazer, mas o fato é que eu não queria carregar esse segredo comigo. *Eu* fui honesta; ele *não*."

Logo que Jack se casou com sua assistente, o bebê do casal nasceu. "O casamento e o bebê foram muito difíceis para mim no começo", diz Callie. "Eu estava furiosa e sentia ciúme. De certo modo, eu sabia que aquele era um ponto sem retorno, que colocava um fim em nossa relação." No entanto, Callie teve de administrar seus sentimentos. "Eu falei com meus filhos sobre o bebê e os incentivei a demonstrarem sentimentos positivos em relação a ele. Eu queria que houvesse esse entendimento entre nós. Meus filhos amavam o bebê, mas não queriam que eu soubesse porque temiam que eu ficasse magoada. Eu queria que ambos soubessem que ficaria tudo bem se eles o amassem."

Callie e os filhos se mudaram para Nova Jersey. "Eu não queria permanecer naquela casa, porque achava muito triste viver ali. Foi lá que construí minha família, mas também foi lá que coisas ruins aconteceram. Meus amigos acharam que eu estava sendo impulsiva, mas eu sabia que queria recomeçar minha vida. Para mim a sensação de estar em um mundo diferente era boa." Depois do divórcio, Callie tentava imaginar como seria forte o suficiente para apoiar os filhos, como enfrentaria cada dia sem demonstrar tristeza, como os ajudaria a curar as próprias feridas e, ao mesmo tempo, cuidar de si mesma.

O pior de tudo era enfrentar a realidade de que havia perdido seu emprego de esposa. Não saber mais qual era seu papel a deixou sem chão. Ela mantinha a cabeça baixa e seguia em frente; reiniciou seu negócio, mas achou que deveria mantê-lo discreto, assim poderia se concentrar nos filhos. Seus interesses tiveram de ficar em segundo plano, atrás das necessidades das crianças – mesmo sabendo que as necessidades deles dependiam do bem-estar emocional e financeiro dela. Felizmente, Jack se mostrou proativo naquela época: ele dirigia até Nova Jersey nos finais de semana de visitação para apanhar os filhos e mantinha o pagamento da pensão em dia. "Então surgiram os problemas", ela diz. "É claro que a culpa não foi só dele. É preciso duas pessoas para dançar um tango. Entretanto, eu acho que ele dançou bem mais que eu."

O que Callie não percebeu é que sua trajetória era muito similar à de sua mãe. Quando ainda era uma criança crescendo na Carolina do Sul, o casamento dos pais desmoronou. A mãe colocou Callie e sua irmã em um carro no meio da noite e dirigiu até o Arizona. Ela cresceu sem pai, curiosa em saber como era ter uma família. Então, de maneira inconsciente, ela seguiu os mesmos passos da mãe, casando-se com um homem não confiável, sentindo-se magoada e machucada e se aventurando em uma impulsiva mudança geográfica para poder recomeçar. ("Aquilo não foi uma solução para minha dor", ela admitiu. "Descobri que nossos fantasmas nos seguem a qualquer lugar que vamos.") Às vezes, certos padrões são transmitidos de geração para geração – são legados infelizes que somente se encerram com autoconhecimento e desejo de mudança.

Felizmente, Callie também herdou algo positivo de sua mãe: força e autonomia. Depois que a mãe trouxe suas filhas de volta para sua cidade natal, ela teve de lutar para se estabelecer novamente e ainda enfrentar todos os comentários maliciosos típicos de uma cidade pequena. Ela teve a determinação e o entusiasmo para reconstruir sua vida. "Ela era uma mulher forte, do Sul", diz Callie. "Nossa fala pode ser macia, mas somos como magnólias de aço."* Sua mãe conseguiu o diploma de professora e começou a trabalhar. Ela estava sempre ocupada, então, Callie e a irmã cuidavam de si mesmas. "Sou muito independente", ela diz.

Somente três anos depois do divórcio, Callie voltou a namorar. Ela encontrou cinco homens on-line. (Um deles era um sujeito vesgo que era optometrista", conta, "Aquilo foi muito estranho!") Então ela conheceu Ted, que era o oposto de Jack. De fato ele é a própria definição de um homem beta: "Prestimoso, paciente e bem articulado emocionalmente". Ted se mudou para a casa de Callie e as crianças, o que acabou sendo bem mais difícil do que ela esperava.

Logo Callie percebeu que não estava pronta para dividir o espaço com um homem. Ela queria ser independente e recuou na decisão de compartilhar sua vida. Foi horrível para os dois, porém ela lhe disse que ele precisaria sair. "Foi muito estranho", ela diz. "Contudo, depois disso percebi várias coisas. Vi que somente poderia me sentir confortável com a intimidade se pudesse manter minha autonomia. E eu sabia que algum dia eu poderia vivenciar isso ao lado de Ted. Não acho

---

* Referência à peça de teatro e ao filme *Flores de aço*, de Herbert Ross (1989). (N. T.)

que preciso me casar, pois estou comprometida com a relação. Ted é muito especial. Tenho problemas com a questão de confiança, é claro, mas ambos percebemos que os dois precisam de tempo e espaço, e aceitamos esse fato."

No final, Callie vendeu a casa em Nova Jersey e retornou para o Brooklyn com as filhas. Ela sabia que precisavam de estabilidade. "Minhas filhas podem tomar decisões diferentes das que eu tomei, mas quero que elas compreendam a importância da independência, da autossuficiência e da capacidade de criar felicidade para si próprias. As mulheres precisam saber que podem contar com elas próprias. Mais desafios estão a caminho, mas hoje vejo minha vida em termos de abundância, não de escassez. Hoje estou me dedicando a mim mesma. Estou pronta para deixar meu empreendimento crescer, e fico cada vez mais feliz com isso. Acho que existe ar suficiente em minha vida para que eu continue me expandindo."

Enfrentando a angústia da fertilidade

- Ignore publicações negativas sobre mulheres que adiam o casamento e a gravidez. Muitas pessoas ainda não se acostumaram com um mundo corajoso, repleto de opções. Desse modo, a cultura reflete muita ansiedade e muitas incertezas. Lembre-se: você está tentando fazer a escolha certa para você; isso não significa que seja mimada ou egoísta, nem que esteja tentando transformar a maternidade em um projeto de engenharia.
- "Sempre digo às pessoas que congelei meus óvulos", disse uma mulher de quase 40 anos. Ela se sente aliviada porque agiu em relação a algo que a preocupava. Em geral, as famílias acabam se sentindo felizes e seguras, mesmo quando sua primeira

reação é negativa. Se você disser isso a um namorado, é possível que ele se mostre positivo e apoiador – principalmente porque isso tira a pressão de suas costas. No entanto, dizer isso a seu namorado, ou a qualquer outra pessoa, sempre será uma decisão sua.

- Desconsidere soluções que possam lhe trazer problemas futuros: uma mulher considerou a possibilidade de usar o esperma do marido da irmã. Essa não é uma boa ideia. É próximo demais para que você se sinta confortável; desconhecemos as consequências psicológicas. Outra mulher pensou em usar o resto do esperma do doador anônimo de sua irmã. Isso faria com que seu filho fosse meio-irmão dos filhos da própria irmã. Uma vez que ela pretende se casar um dia, esse tipo de arranjo poderia deixar o parceiro mais desconfortável do que se ela tivesse ido a um banco de esperma.
- Pense muito antes de pedir a um amigo que doe esperma. Talvez tudo corra muito bem, mas, sem dúvida, será complicado. Certifique-se de que ambos estejam conscientes do papel – financeiro, emocional e legal – dele no acordo.
- Lembre-se: o tempo limite para ter um filho já não é tão limitado como antes. O fato de você não estar casada ou já ter entrado na casa dos 30 anos não é mais um problema. Conheça suas opções e seja realista.

Capítulo 9
Perguntas frequentes

Quando comecei a escrever sobre a mulher alfa e seu parceiro beta, logo descobri que as pessoas apresentavam fortes reações – tanto positivas quanto negativas – não apenas em relação aos termos propriamente ditos, mas também às ideias. As perguntas propostas por colegas, clientes, amigos e familiares se mostraram extremamente interessantes e estimulantes, e precisavam ser respondidas. Veja a seguir algumas delas (bem como minhas respostas):

P: É muito interessante observar os tipos de personalidade alfa e beta. Contudo, não seria ingênuo simplesmente rotular as pessoas dessa forma? Você não estaria categorizando esses indivíduos ao dizer que são de um tipo ou de outro?

R: Sou totalmente contra estereótipos e enquadramentos. Os seres humanos são muito complexos; cada um de nós é um amálgama de vários traços de personalidade, e ninguém é unidimensional. A escala alfa/beta foi idealizada para demonstrar como todos nós somos uma combinação de vários tipos de características, com muitos de nós demonstrando maior inclinação para um lado que para outro. Se as suas pontuações alfa e beta apresentarem uma diferença entre si de menos de 10 pontos, você é um híbrido, o que sugere que seja uma pessoa equilibrada, com uma boa dose de ambos os lados. Hoje, conforme as mulheres ganham espaço, tanto em termos econômicos quanto políticos, elas estão demonstrando comportamentos alfa que no passado eram considerados masculinos. A escala alfa/beta desafia os conceitos tradicionais de comportamento feminino e masculino, classificando-os como irrelevantes e fora de moda.

P: Seria melhor ser alfa que beta, ou vice-versa?

R: A resposta é negativa. Ambos apresentam importantes qualidades positivas, embora o posicionamento extremo em qualquer direção se revele problemático. Cada tipo de personalidade ostenta diferentes pontos fortes e fracos. Mulheres alfa podem se mostrar excessivamente controladoras, enquanto as beta, demasiadamente passivas. Nossa cultura atravessa um momento em que a presença de traços alfa nas mulheres se torna mais admissível – independentemente de elas estarem prosperando na carreira ou administrando a cozinha da própria casa. Traços alfa, como autoconfiança e o desejo de assumir desafios, também ajudam as mulheres a lidar com situações complicadas em sua vida. Vivemos em uma era tumultuada, mas as mulheres estão prontas para enfrentá-la. E é justamente por isso que o homem beta – que é capaz de apoiar e oferecer uma parceria genuína – tem se tornado tão importante.

P: É possível para o ser humano alterar sua proporção, tornando-se menos alfa e mais beta?

R: Com certeza – o indivíduo não é estático. Seu pai ou sua mãe morre e você se torna mais autossuficiente. Um casamento se dissolve e você assume responsabilidades que nunca pensou ser capaz. E a lista continua: desafios no trabalho, paternidade/maternidade, doenças. Todos esses eventos, previsíveis ou não, podem trazer à tona traços de personalidade dormentes ou menos desenvolvidos. Daqui a um mês, um ano ou alguns anos você poderá responder de maneira diferente às afirmações contidas no questionário do Capítulo 2, e descobrir que sua proporção mudou significativamente. Portanto, sim, a personalidade é flexível: você é capaz de crescer para enfrentar novos desafios.

P: As alfa são sempre mulheres de carreira?

R: De modo nenhum. Você poderia ser uma líder da associação de pais e mestres local, uma especialista na arte de conectar pessoas e forjar novas relações sociais e políticas, ou até uma mãe que organiza e administra sua casa/família do mesmo modo como um general comandaria seu exército. Há milhões de ocasiões em que seu lado alfa pode ser ativado! Mulheres alfa podem ser líderes tanto em casa como em sua comunidade ou no trabalho.

P: As mulheres alfa não são cruéis?

R: Antes de qualquer coisa precisamos definir a palavra "cruel". Ser cruel é quando uma pessoa – homem ou mulher – não se importa com as consequências do seu comportamento. Esse é um traço alfa extremo e negativo e, portanto, bastante indesejável. Contudo, nem todas as alfa estão no extremo dessa escala, logo, nem todas as alfa são cruéis.

P: As mulheres alfa vão atrás daquilo que desejam, certo? Isso nos faz pensar nelas como egoístas e egocêntricas.

R: Mais uma vez, é preciso definir os dois termos. As palavras "egoísta" e "egocêntrica" ostentam significados pejorativos, portanto, a forma como a pergunta foi colocada sugere que ser "autofocada" seja uma qualidade ruim. Pelo fato de as mulheres serem encorajadas a pensar de maneira racional, ser egoísta apresenta uma conotação negativa para elas. Todavia, pensar em você e colocar seus objetivos em primeiro lugar são maneiras importantes de você tomar conta de si mesma. É saudável tomar decisões que sejam importantes para você, e do seu interesse. Às vezes isso ocorre à custa de outra pessoa. Não há nada de errado nisso, a menos que você se mostre impermeável às necessidades das outras pessoas.

P: As alfa são narcisistas?

R: Não. As personalidades alfa e narcisista não são equivalentes. A palavra narcisista é comumente usada para descrever um indivíduo que gosta exageradamente de si mesmo e/ou da própria imagem. Em termos clínicos, o narcisismo é um distúrbio no qual a pessoa é incapaz de sentir empatia ou compreender o ponto de vista do outro. O narcisista é o indivíduo sublime e ostentoso que está sempre se vangloriando de si mesmo, mas que, no fundo, não possui autoconfiança. Uma mulher alfa é genuinamente autoconfiante e não precisa projetar para o mundo uma identidade inflada pelo orgulho.

P: As mulheres alfa de hoje se sentem confortáveis com seu espírito competitivo?

R: Com frequência elas se sentem em conflito. As mulheres são socializadas para não ser competitivas. No passado, quando elas eram chamadas de traiçoeiras, manipuladoras e tratadas como se estivessem sabotando umas às outras, a verdade é que esse tipo de comportamento era competitividade indireta. Elas não podiam competir abertamente porque isso era visto com maus olhos, então elas descobriram outras formas de externar essa tendência natural. Não há nada de errado com uma competição aberta e direta, e eu acho que as mulheres se tornarão mais competitivas. Uma pessoa autoconfiante não precisa sabotar a outra para alcançar o sucesso. Uma vez que as mulheres perceberem que não há problemas em competir de maneira aberta, elas se sentirão mais confortáveis consigo mesmas e mais abertas em relação aos próprios objetivos.

P: Em que as mulheres alfa diferem dos homens alfa?

R: De modo geral, desde o processo de socialização, as mulheres se mostram orientadas para as relações. Nesse sentido, as mulheres alfa tendem a se mostrar mais colaborativas e mais concentradas em agregar pessoas que os homens alfa. Como afirmou Hillary Clinton, em um artigo para o New York Times, *"Liderança é um esporte de equipe." Os homens alfa tendem a ser mais hierárquicos, menos consensuais e a criar uma atmosfera abertamente competitiva. Discorrendo a respeito da própria identidade como líder, uma das alfas que aparecem neste livro disse o seguinte: "Não preciso ser a chefe número um; sou capaz de colaborar. Reconheço e respeito as habilidades das outras pessoas". As mulheres e os homens alfa podem ostentar diferentes estilos de liderança, mas as mulheres estão se adaptando à competitividade masculina na cultura de trabalho, enquanto os homens estão fazendo o mesmo em relação ao estilo feminino de gestão.*

P: Veja, mulheres e homens são biologicamente distintos. Isso deve significar que algumas diferenças em termos de personalidade são predeterminadas.

R: Com certeza, mas isso não explica a divisão cultural em termos dos papéis e das personalidades que vimos até agora. Essa divisão feminino/masculino tem refletido uma dinâmica de poder nos casais, e também na sociedade, que se baseia no domínio econômico pelo homem. Os papéis sociais são determinados por normas sociais, não biológicas. Em uma sociedade mais igualitária, os comportamentos masculino e feminino se tornarão mais similares.

P: Aprecio sua ideia sobre os homens beta, mas sinto-me mais sexualmente atraída pelos alfa. Você está sugerindo que, se eu quiser encontrar um homem bom, precisarei abrir mão da ideia de ter uma vida sexual excitante?

R: Homens alfa podem ser extremamente sexies. Contudo, o mesmo pode ocorrer com os beta – e estes se revelam amantes melhores em longo prazo, além de melhores parceiros. Não é isso o que você deseja? É claro, você merece que o sexo seja de ótima qualidade, mas sejamos honestas. Dentro de uma relação de amor e carinho com um homem em que você confia e de quem depende, é possível introduzir variedade e aventura. Você é capaz de fazer isso.

P: Você está dizendo que as mulheres podem e deveriam ter tudo?

R: Posso refazer a pergunta? Poderia uma mulher ter uma carreira satisfatória e uma incrível vida familiar? Sim, desde que ela escolha o parceiro correto. Essa é a decisão importante que você terá de tomar. Se escolher alguém que não se sinta ameaçado por você e que apoie seus esforços, tanto quanto você apoia os dele, você estará a meio caminho do sucesso. Haverá desafios, mas você estará em uma ótima posição para comemorar.

P: Seriam as adultas alfa "garotas más"?

R: Muitos já me fizeram essa pergunta. Eu discuti essa ideia profundamente com uma colega psicóloga infantil e também a coloquei em pauta em um grupo de discussão. O consenso: as "garotas más" escondem a própria insegurança ao pegar no pé de outras garotas. O termo clínico agressão relacional descreve uma forma de bullying *(intimidação) cujo objetivo é fazer com que o responsável se sinta poderoso e a vítima desprovida de poder. Uma mulher autoconfiante não é intimidadora; nem as "garotas más" são alfas prestes a florescer, pelo contrário. Veja a seguir o comentário de uma mulher:*

"Você pode ser uma abelha rainha no colegial e talvez isso seja o melhor que conseguirá fazer. Isso se aplica a algumas das 'garotas más' que conheci no colegial, e elas são patéticas. Outras me surpreenderam ao sair da colmeia e se tornarem mulheres adultas maduras." – *Miranda*

P: Seriam as mulheres beta mais femininas e as alfa mais masculinas?

R: Embora as mulheres beta demonstrem um comportamento mais tradicionalmente feminino que as mulheres alfa, e estas demonstrem um comportamento tradicionalmente mais masculino, a divisão de gênero se tornou nebulosa. Como terapeuta especializada em relacionamentos, na cidade de Nova York, ao longo da última década, comecei a perceber um comportamento mais neutro tanto nos meus clientes do sexo masculino quanto do feminino. Fiquei fascinada por essa mudança e surpresa pelas novas maneiras como as relações estão se desenvolvendo diante dos meus olhos. Essas mudanças se tornaram a inspiração para este livro.

A seguir, algumas mulheres discutem sobre os supostos traços masculinos e femininos.

> "Tenho traços alfa e beta elevados. Embora eu seja uma feminista, quero algumas coisas à moda tradicional. Gosto de cozinhar; esse é um grande prazer para mim. De fato, se o cara lavar o banheiro, farei praticamente todo o resto." – *Melissa*

> "Não cozinho nem faço outras tarefas tradicionalmente femininas. Acho que meu namorado ficou surpreso e desconfortável com isso. Tem sido um grande ajuste para nós." – *Aimee*

> "Como alfa, adoro assumir a responsabilidade e organizar as coisas. Se ele dirigir o carro, sinto-me feliz em arrumar a estante de livros e planejar nossas próximas férias." – *Cara*

> "Como mulher, tenho sido chamada de egoísta. Isso machuca no início, no entanto, em qualquer momento que você priorizar a própria vida, as pessoas a chamarão assim. As pessoas dizem que intimido os homens. Acredito que isso seja verdade. Tenho sido chamada de manipuladora porque adoro

organizar a vida das pessoas, mas eu chamo a mim mesma de facilitadora." – *Gill*

P: Como uma mulher de alfa e beta elevados, amo esportes competitivos tanto quanto cuidar de bebês e cozinhar. Seria eu demasiado retrô?

R: Você é uma mulher complexa e contemporânea. Faça o que gosta de fazer; não se preocupe com "deveria" ou "não deveria". Contudo, insista que seu namorado/parceiro/marido contribua com as tarefas domésticas.

P: Se as mulheres alfa são tão diretas e focadas, por que elas acabam se envolvendo em relacionamentos ruins?

R: As mulheres alfa enfrentam vários obstáculos no relacionamento. Algumas podem achar que a perfeita combinação para elas é um macho alfa. Entretanto, elas não poderiam estar mais enganadas! Uma vez que os homens alfa têm de estar no comando, a relação geralmente termina em uma gigantesca guerra pelo poder. Uma mulher alfa supercompetente e capaz de solucionar problemas poderá escolher um macho ômega que precise de uma mulher forte para organizar a vida dele e tomar todas as decisões. Esse é um grande erro: tomar conta de um fracassado vai derrubá-la. Não faça isso!

P: As mulheres alfa se envolvem em sexo casual mais que as mulheres beta?

R: Tanto as alfa quanto as beta se envolvem em sexo casual como forma de atender aos seus impulsos sexuais enquanto se concentram na carreira e em seus objetivos pessoais. As mulheres beta poderão buscar um parceiro mais depressa que as alfa. Preocupo-me com mulheres que praticam sexo casual apenas para se mostrar legais e conseguir a aprovação de amigas e colegas. O sexo casual é divertido para algumas, mas não para outras. Se você perceber que não consegue lidar com isso, caia fora. Nunca pratique nenhuma atividade sexual com a qual não esteja de acordo.

P: Seriam as mulheres alfa feministas convictas?

R: Bem, isso é um sopro do passado! Até hoje a palavra convicta ostenta um significado negativo que faz com que todos fiquem desconfortáveis. O que há de errado em ser persistente e assertivo em relação aos direitos e à igualdade das mulheres? Não somos todos a favor dessas coisas?

P: Se você deseja uma carreira e uma família, quando deveria começar a procurar um companheiro?

R: Não há uma fórmula única para todos os casos. Cada vez mais mulheres escolhem se casar mais tarde, mas você não quer adiar tanto a ponto de se arriscar com seu relógio biológico. Casar-se mais cedo significa que você precisará de um companheiro que não tenha chegado ao auge do seu desenvolvimento, e que crescerá com você. Há várias escolhas; você encontrará seu ritmo.

P: Eu ganho mais dinheiro que meu marido. Posso dizer que seu orgulho está ferido pela inversão de papéis. O que posso fazer para tranquilizar seu ego?

R: Controle o desejo de se dedicar mais às crianças e às tarefas domésticas para compensar o fato de ter assumido o papel de principal provedora. No final você acabará exausta e o problema ainda existirá. Converse com seu marido sobre a melhor maneira de compartilharem as responsabilidades e dividirem as tarefas. A ativa participação dele na família e nas tarefas domésticas devem reforçar seu papel e elevar sua autoestima. Lembre-se: ser bem-sucedida não é algo pelo qual se deva pedir desculpas. Tenha orgulho de contribuir para a solidez e o bem-estar financeiro de sua família.

P: Deveriam as mulheres suavizar seus traços alfa?

R: Algumas mulheres alfa precisam dar um passo atrás e observar a si mesmas. Por um lado, não há nada de atraente em ser dogmática e controladora – nem no comportamento masculino nem no feminino. Por outro, nunca se ouve falar que homens dominadores sejam mandões. Ser uma mulher mandona não é uma falta tão grave – dentro de certos limites. Você pode até dizer que a palavra mandona está de volta.

P: O que os homens precisam fazer para se adaptar à nova realidade social de mulheres alfa poderosas?

R: Nossa velha sociedade dominada pelos homens está dando espaço a uma cultura de companheirismo e colaboração. Os homens precisam desenvolver um novo ideal masculino: de ser um ótimo pai, um excelente marido e um grande amigo. Quão sexy é isso?

Posfácio

Muitas pessoas me perguntaram como desenvolvi o questionário alfa/beta. Como as pessoas estão curiosas, veja como aconteceu: depois de ter identificado a escala de personalidade e o seu potencial para ajudar a desenvolver parcerias mais saudáveis, decidi criar uma ferramenta que as pessoas pudessem usar para compreender a si mesmas e reconhecer padrões de relacionamento pessoal. Primeiramente, listei todos os atributos alfa e beta nessa escala, desde os mais positivos aos mais negativos. Por exemplo, para as alfa, as perguntas incluíam desde "líder" (positivo) até "dominadora" (negativo); para as beta, as perguntas abrangiam desde "apoiadora" (positivo) até "autocrítica" (negativo).

Então, considerei a melhor maneira de traduzir comportamentos em afirmações simples, para os quais as pessoas poderiam responder: "sim, essa sou eu" ou "não, essa não sou eu." Testei esse questionário com meus clientes, com membros de grupos de discussão e também com amigos. Uma vez que era fundamental que as perguntas refletissem de maneira exata os tipos de relacionamento, entrevistei todos os participantes de modo cuidadoso e prolongado para me certificar de que os percentuais encontrados estivessem de acordo com suas personalidades e seu histórico de relacionamento. Modifiquei muitas das afirmativas várias vezes para chegar à essência dos atributos que formam as personalidades alfa e beta.

O questionário possui um número igual de perguntas alfa e beta, que refletem o grau de alfa ou de beta no indivíduo. Uma vez que toda pessoa exibe uma combinação de qualidades, precisei observar o padrão ou a predominância de um conjunto de atributos em relação ao outro. Meu objetivo era possibilitar que cada mulher ou homem aprendesse sobre suas tendências e identificasse seus pontos fracos e fortes.

Há muitas maneiras de utilizar esse questionário. Analise sua pontuação; peça a outra pessoa que responda o questionário por você; organize um encontro/festa em que vocês compartilhem e interpretem as pontuações. Apresente-o ao seu namorado/marido/amante e veja se vocês dois combinam um com o outro! Esse quiz foi construído para fornecer-lhe informações sobre si mesma e para ajudá-la a crescer como pessoa.

Alfa elevado: 50% a 100%
Alfa moderado: 25% a 50%
Alfa baixo: 1% a 25%

Beta elevado: 50% a 100%
Beta moderado: 25% a 50%
Beta baixo: 1% a 25%

Como regra: quanto mais próximos os percentuais alfa e beta, mais híbrida você é, independentemente de aparecer nas posições elevada, moderada ou baixa da escala. Quanto mais separados os percentuais aparecerem, mais pronunciado é um estilo de personalidade específico em relação ao outro.

Escores de pessoas reais

Um escore acima de 50% em ambos revela um verdadeiro híbrido. Analisemos o escore de Tracy (você poderá ler sobre ela no Capítulo 8): Tracy representava 70% alfa e 54% beta. Isso faz dela uma pessoa de alfa e beta elevados dentro da escala, o que significa que ela é uma verdadeira híbrida; forte em ambos. Tracy é uma mulher independente, decidida e, ao mesmo tempo, apoiadora e carinhosa em um relacionamento. Contudo, pelo fato de seu escore alfa ser quase 20% maior que o beta, às vezes ela pode se mostrar autoritária e dominadora.

Uma contagem de beta elevado e alfa moderado é comum. Vejamos Amy (a história dela parece no Capítulo 6): Amy apresenta 76% beta e 40% alfa. Ela apresenta forte tendência beta (cuidadosa, confiável, ponderada, atenciosa e, ao mesmo tempo, gosta de evitar conflitos); no entanto, ela possui alfa suficiente para enfrentar um alfa forte (e foi exatamente esse o tipo de homem com o qual ela se casou).

Referências

Capítulo 1: Amando seu lado alfa

THE HAMILTON PROJECT. "The marriage gap: the impact of economic and technological change on marriage rates, 2012" (A lacuna do casamento: o impacto das mudanças econômicas e tecnológicas no índice de casamentos, 2012).

COONTZ, STEPHANIE (citando Leslie McCall, Ph.D.). "The disestablishment of marriage" (A extinção do casamento), *New York Times*, 2013.

COUNCIL OF CONTEMPORARY FAMILIES, 2010. "Myths about college-educated women and marriage" (Mitos sobre mulheres com ensino superior e casamentos).

COONTZ, STEPHANIE. "The disestablishment of divorce" (A extinção do divórcio), *New York Times*, 2013. "With every year a woman delays marriage, up to her early thirties, her chance of divorce decreases, and it does not rise again thereafter" (Cada ano que a mulher adia o casamento, até o início de seus trinta anos, sua chance de divórcio diminui e não volta a aumentar).

BERTRAND, MARIANNE; KAMENICA, EMIR; PAN, JESSICA. Booth School of Business at the University of Chicago, 2013.

PEW RESEARCH. "Women make significant gains in the workplace and educational attainment but lag in pay" (As mulheres obtêm ganhos significativos no mercado de trabalho e também nas realizações acadêmicas, mas ficam atrás em termos salariais), 2013.

LUSCOMBE, BELINDA. "Workplace salaries: at last, women on top" (Salários: finalmente as mulheres chegam ao topo). *Time*, 2010.

NATIONAL COMMITTEE ON PAY EQUITY, 2007.

PEW RESEARCH. "The decline of marriage and the rise of new families" (O declínio dos casamentos e o aumento do número de novas famílias), 2010.

Capítulo 2: A escala alfa/beta

HYDE, JANET SHIBLEY, PH.D. "The gender similarities hypothesis" (A hipótese das similaridades entre os gêneros sexuais), 2005. "A person's gender has *little or no* impact on most psychological traits, including aggression and passivity" (O sexo de uma pessoa tem pouco ou nenhum impacto na maioria dos traços psicológicos, incluindo agressão e passividade).

Capítulo 3: Sexo e a mulher alfa

CAROTHERS, BOBBI; REIS, HARRY. "The tangle of the Sexes" (A confusão dos sexos), *New York Times*, 2013.

LAVNER, JUSTIN A., KARNEY, BENJAMIN R.; BRADBURY, THOMAS N. *Journal of Family Psychology*, 2011.

Capítulo 5: O alfa e o beta do namoro

EXPERIAN HITWISE (Empresa de Monitoramento de Internet), 2011. Os sites de relacionamento reportaram, coletivamente, 593 milhões de visitas nos Estados Unidos.

Capítulo 6: Tornando-se um casal

PEW RESEARCH, "Majority of never-married adults want to wed" (A maioria dos adultos que nunca se casaram querem se casar), 2013.

BLAKESLEE, SANDRA. "How one woman changed the way we think about divorce" (Como uma mulher mudou nossa percepção a respeito do divórcio). O grande estudo a respeito dos filhos crescidos de pais divorciados descobriu que a maioria deles desconfia do comprometimento e podem preferir murar juntos em vez de se casar). *Slate*, 2012

COONTZ, STEPHANIE, "The disestablishment of marriage" (A extinção do casamento), *New York Times*, 2013. "Traditionally minded men are actually more likely to divorce – or to be divorced – than their counterparts with more egalitarian ideas about gender roles" (Homens de mentalidade tradicional são, em geral, mais propensos a se divorciar – ou ser deixados – que seus pares de ideias mais igualitárias a respeito dos papéis desempenhados pelos diferentes gêneros).

MARTIN, STEVEN P., PH.D. University of Maryland, Russell Sage Foundation working paper. "The one in two statistic you've heard so much about is a bit misleading; since 1980, the divorce rate for college-educated women has actually significantly dropped, creating a 'divorce divide'" (Uma das duas estatísticas que você mais ouviu a respeito é um pouco equivocada; desde 1980 a taxa de divórcio entre mulheres com ensino superior, na verdade, caiu significativamente, criando um divisor de águas no divórcio).

NATIONAL CENTER FOR HEALTH STATISTICS, citado em Jay, Meg, Ph.D. "Cohabitation rates have been rising for decades" (Os índices de coabitação vêm crescendo por décadas). *New York Times*, 2013.

CHERLIN, ANDREW, PH.D. "In the season of marriage, a question. Why bother?" (Na época do casamento, uma pergunta. Por que se preocupar?) *New York Times*, 2013.

COONTZ, STEPHANIE, "The disestablishment of marriage" (A extinção do casamento). *New York Times*, 2013. "Many alternatives to tradicional marriage have emerged. People feel free to shop around, experimenting with several living arrangements in sucession" (Muitas alternativas ao casamento tradicional surgiram. As pessoas se sentem livres para experimentar vários tipos de arranjos de convivência). Coontz aponta que a maioria dos casais que se casam já viviam juntos.

US CENSUS BUREAU, 2012. O índice de coabitação aumentou de 450 mil casais em 1960 para 7.5 milhões de casais em 2012.

COONTZ, STEPHANIE. "And when people do marry, they have different expectations and goals. In consequence, many of the 'rules' we used to take for granted - about who marries, who doesn't, what makes for a satisfactory marriage and what raises the risk for divorce - are changing" (E quando as pessoas se casam, elas têm expectativas e metas diferentes. Como consequência, muitas das regras que achávamos certas – a respeito de quem se casa, quem não se casa, o que é necessário para um casamento satisfatório e o que aumenta o risco de divórcio – estão mudando). *New York Times*, 2013.

COOK, LYNN PRINCE. "The tradicional male is at greater risk of divorce than men who 'share employment and housework' with their partners" ("O homem tradicional apresenta risco de divórcio mais elevado que os homens que 'compartilham emprego e trabalhos domésticos' com a parceira"). Council of Contemporary Families, University of Illinois em Chicago.

CHERLIN, ANDREW, "In the season of marriage, a question. Why bother?" (Na época do casamento, uma pergunta. Por que se preocupar?) *New York Times*, 2013. "It [marriage] is something young adults do after they and their live-in partners have good jobs and a nice apartment. It has become the capstone achievement of personal life – the last brick put in place after everything else is set" ([O casamento] É algo que os jovens adultos fazem depois que eles e o(a) parceiro(a) já conseguiram bons empregos e um ótimo apartamento. Ele se tornou o ápice da realização da vida pessoal – o último tijolo a ser colocado depois que todo o resto está pronto).

Jay, Meg, Ph.D. "Couples who live together operate on the principle of 'sliding, not deciding'" ("Casais que vivem juntos operam sob o princípio de 'deixar rolar, não decidir'"). *New York Times*, 2013.

Capítulo 7: Casos extraconjugais: tempestades perfeitas

Mark, Kristen P., Janssen, Erick; Milhausen, Robin R. Since the 1970s women's cheating has been steadily on the rise, and now women reportedly stray almost as much as men do (Desde os anos 1970 a traição entre as mulheres vem crescendo de maneira estável, e agora as mulheres declaradamente traem tanto quanto os homens). Indiana University, 2011.

Daily Mail. Os donos do site ashleymadison.com afirmam ter 17 milhões de clientes. Também afirmam que esse número triplicou nos últimos três anos, e que a maioria dos novos clientes são mulheres. United Kingdom, 2013.

Hyde, Janet Shibley; L. Petersen, Jennifer. "When man and women are more equal within the culture, 'most gender differences in sexual attitudes and behaviors [are] small'" ("Quando homens e mulheres são mais equivalentes dentro de uma cultura, 'a maioria das diferenças de gênero nas atitudes e comportamentos sexuais são pequenas'"). University of Wisconsin, 2010.

Center of Sexual Medicine at Sheppard Pratt, citado em "Unexcited? There may be a pill for that" (Sem tesão? Deve existir alguma pílula para isso). *New York Times*, 2013.

Ourtime.com 2012.

Wall Street Journal, 2012.

Capítulo 8: Divórcio, namoro, sobrevivência e prosperidade

American Baby, 2013.

Bibliografia

BELL, LESLIE C., *Hard to get: twenty-something women and the paradox of sexual freedom* (Difícil de conseguir: mulheres de vinte e poucos anos e o paradoxo da liberdade sexual). Berkeley e Los Angeles, Califórnia: University of California Press, 2013.

COONTZ, STEPHANIE. *A strange stirring: the feminine mystique and american women at the dawn of the 1960s* (Estranha agitação: a mística feminina e mulheres americanas no alvorecer dos anos 1960). Nova York: Basic Books, 2011.

FINE, CORDELIA. *Delusions of gender* (Delírios do gênero sexual). Nova York: W.W. Norton and Company, 2010.

GERSON, KATHLEEN. *The Unfinished revolution* (A revolução inacabada). Nova York: Oxford University Press, 2011.

ROSIN, HANNA. *The end of men* (O fim dos homens). Nova York: Riverhead Books, 2011.

SANDBERG, SHERYL. *Faça acontecer: mulheres, trabalho e a vontade de liderar.* São Paulo: Companhia das Letras, 2013.

Este livro foi impresso
em papel norbrite plus 66,6g
pela Prol Gráfica